essentials

Essentials liefern aktuelles Wissen in konzentrierter Form. Die Essenz dessen, worauf es als „State-of-the-Art" in der gegenwärtigen Fachdiskussion oder in der Praxis ankommt, komplett mit Zusammenfassung und aktuellen Literaturhinweisen. Essentials informieren schnell, unkompliziert und verständlich

- als Einführung in ein aktuelles Thema aus Ihrem Fachgebiet
- als Einstieg in ein für Sie noch unbekanntes Themenfeld
- als Einblick, um zum Thema mitreden zu können.

Die Bücher in elektronischer und gedruckter Form bringen das Expertenwissen von Springer-Fachautoren kompakt zur Darstellung. Sie sind besonders für die Nutzung als eBook auf Tablet-PCs, eBook-Readern und Smartphones geeignet.

Essentials: Wissensbausteine aus Wirtschaft und Gesellschaft, Medizin, Psychologie und Gesundheitsberufen, Technik und Naturwissenschaften. Von renommierten Autoren der Verlagsmarken Springer Gabler, Springer VS, Springer Medizin, Springer Spektrum, Springer Vieweg und Springer Psychologie.

Gregor Paul Hoffmann

Führungsherausforderung Mobbing

Prävention, Deeskalation und
Arbeitsfähigkeit nach Konflikten

 Springer

Gregor Paul Hoffmann
Organisationsentwicklung,
Supervision und Coaching, Konflikt- und
Mobbingberatung
Mag. Gregor Paul Hoffmann,
MSc. | syn:logos
Graz
Österreich

ISSN 2197-6708   ISSN 2197-6716 (electronic)
essentials
ISBN 978-3-658-12876-0   ISBN 978-3-658-12877-7 (eBook)
DOI 10.1007/978-3-658-12877-7

Die Deutsche Nationalbibliothek verzeichnet diese Publikation in der Deutschen Nationalbibliografie; detaillierte bibliografische Daten sind im Internet über http://dnb.d-nb.de abrufbar.

Springer

Springer Fachmedien Wiesbaden ist Teil der Fachverlagsgruppe Springer Science+Business Media
(www.springer.com)

Was Sie in diesem Essential finden können

- Annäherung an den Begriff Mobbing
- Differenzierung von Konflikten und Mobbing und ähnlichen Begriffen
- Kurzerläuterung Resilienz
- Einführung in resilienzfördernde Führung
- Aktivitätsebenen von Führung im Kontext von Mobbing

Inhaltsverzeichnis

Einleitung 1

Die moderne Arbeitswelt ist ständigen Veränderungen unterworfen, die Anforderungen und der Leistungsdruck steigen kontinuierlich. Immer komplexere Abläufe sollen in immer kürzerer Zeit in höchstem Maße effizient und effektiv abgearbeitet werden. Zeitliche und örtliche Flexibilität werden als *die* Errungenschaften des digitalen Zeitalters gefeiert, *bring your own device* und die Arbeit im *home-office* als benefit bezeichnet, die Trennung zwischen beruflich und privat verschwimmt. Folgen dieser Entwicklungen sind ständiger Zeitdruck, Arbeitsverdichtung bei gleichzeitiger Entkoppelung und Auflösung des sozialen Gefüges. Wer nicht mithalten kann, wird eben einfach ausgeschieden und ersetzt.

Diese Bedingungen haben unbestritten gesundheitliche Folgen (Haubl et al. 2013a, b; Haubl und Voß 2011; Schütte et al. 2014; Slany et al. 2014), das ist auch der Grund, warum in der Arbeitsmedizin und im Arbeitnehmerinnen- und Arbeitnehmerschutz vermehrt psychische Belastungen Niederschlag in der Beurteilung von Arbeitsplätzen finden. Aber ist das nicht alles völlig übertrieben?

Eine wesentliche Dimension der psychischen Gesundheit am Arbeitsplatz ist auch das sogenannte Arbeitsklima. Studien zeigen recht eindrucksvoll, dass die Solidarität untereinander, das Wir-Gefühl unter Kolleginnen und Kollegen eine wesentliche Ressource darstellt, um mit Zeitdruck, Stress und Belastungen gut umzugehen und sie auch gut zu bewältigen. Allerdings gibt es auch Arbeitsklimata, die von Konflikten geprägt sind oder Mobbing vorkommt – Atmosphären, die erhebliche Folgen haben können.

,Wo gehobelt wird, fallen Späne!' – mit solchen oder ähnlichen Aussagen werden manchmal Konflikte und Mobbing beschrieben. Mobbing ist mittlerweile ein Begriff des alltäglichen Sprachgebrauchs. Beinahe so alltäglich ist es aber auch, die Folgen zu verharmlosen, die bis zu Langzeitkrankenständen, vorzeitigen Ruhestand oder in besonders tragischen Fällen bis zu Suizid reichen können. Die

© Springer Fachmedien Wiesbaden 2016
G. P. Hoffmann, *Führungsherausforderung Mobbing*, essentials,
DOI 10.1007/978-3-658-12877-7_1

Konsequenzen aus eskalierenden Mobbing-Prozessen sind aber nicht nur auf individueller Ebene mitunter dramatisch: auch betriebswirtschaftlich, ja sogar gesellschaftlich sind die Folgen enorm.

Ist es nicht so, dass wo Menschen mit einander arbeiten, Konflikte entstehen und Mobbing nichts anderes darstellt als eine Konflikteskalation, an der der Mobbing-Betroffene zumindest Mitverantwortung trägt? Tatsächlich zeigen manche Menschen sich auch in hochbelasteten Situationen erstaunlich widerstandsfähig, ja entwickeln sich in diesem schwierigen Umfeld sogar weiter. Sind also diejenigen, die das nicht schaffen, einfach zu schwach für die Herausforderungen unserer Zeit? Ist Mobbing nur eine zeitgeistige Überspitzung von ganz normalen Konflikten?

Die Folgen von Mobbing zeigen sich also auf mehreren Ebenen – mit ein Grund warum das Interesse der Mobbingforschung nach wie vor sehr groß ist, Ursachen, Entstehungs- und Wachstumsbedingungen oder auch Interventionsstrategien zu untersuchen. In den letzten Jahren steht insbesondere die Arbeitsplatz-Umgebungs-Hypothese (work-environment hypothesis) besonders im Mittelpunkt des Interesses. Die wesentliche Aussage dieser Hypothese lautet, dass die Atmosphäre, das Arbeitsklima und nicht zuletzt der Führungsstil und das Führungsverhalten zentrale Einflussgrößen für Mobbing-Prozesse sind.

Es liegt folglich in der Verantwortung und im Interesse jedes Unternehmers und jeder Führungskraft, die Arbeitsbedingungen so zu gestalten, dass Mobbing erst gar nicht entsteht und die Mitarbeiterinnen und Mitarbeiter Ihre beste Leistung abrufen können – es geht schließlich um Qualität, Kundenzufriedenheit und nicht zuletzt wirtschaftlichen Erfolg. Die Basis dafür ist eine Führung, die Gesunderhaltung von Mitarbeiterinnen und Mitarbeitern unterstützt und fördert, die proaktiv mit Konflikten umgeht, um Mobbing erst gar nicht entstehen zu lassen, oder aber aktiv und gezielt an der Wiederherstellung von Arbeitsfähigkeit arbeitet – kurz resilienzfördernde Führung!

In diesem Essential setze ich mich zunächst kritisch mit dem Phänomen auseinander, grenze es von Konflikten ab und gebe einen kurzen Überblick über den aktuellen Stand der Mobbingforschung. In der Folge widme ich mich insbesondere den Aspekten von Führungsverhalten und Organisationskultur, um daraus Empfehlungen für Führungskräfte abzuleiten, wie konstruktiv mit Konflikten umgegangen, der Entstehung von Mobbing vorgebeugt und in Mobbingprozessen als Führungskraft adäquat interveniert werden kann.

Mobbing 2

Spätestens seit Ende der 1990-er und den frühen 2000-er Jahren hat der Begriff Mobbing seinen Platz in der Alltagssprache gefunden. Man begegnet ihm praktisch überall, in Zeitungen, Zeitschriften, in Fernsehberichten und -reportagen. Bei genauem Zuhören oder Nachfragen zeigt sich allerdings sehr schnell, dass es sehr unterschiedliche Auffassungen gibt, was Mobbing denn tatsächlich sei. Häufig wird es sogar als Synonym für Konflikte verwendet, sodass es notwendig erscheint, zunächst eine Klärung der Begriffe vorzunehmen auf deren Basis dann weitere Überlegungen angestellt werden.

2.1 Einführung

Das heutige – im skandinavischen und deutschen Sprachraum – etablierte Verständnis von Mobbing geht im Wesentlichen auf die Arbeiten Heinz Leymanns (1993, 1995c) zurück, der seine Forschungen bereits in den späten 1970-er Jahren begonnen hat. Im Rahmen arbeitsmedizinischer Studien stellte er fest, dass eine Reihe von Personen nicht aufgrund berufstypischer körperlicher Belastungen über gesundheitliche Beeinträchtigungen klagten, sondern vielmehr die sozialen Bedingungen als Ursache beschrieben. Er verwendete den Begriff als Zusammenfassung von feindseligen Verhalten im Arbeitsumfeld.

Entgegen der weitläufigen Meinung, wurde der Begriff aber nicht von Leymann geprägt, sondern im deutschsprachigen Raum erstmals vom deutschen Mediziner Rudolf Bilz (1971) verwendet, der das Phänomen aggressiven, tierischen Gruppenverhaltens auf menschliches Verhalten übertrug, andere Einflüsse werden Konrad Lorenz oder Peter-Paul Heinemann zugeschrieben.

Aber abgesehen von der Diskussion, wer den Begriff als erster in diesem Zusammenhang verwendet hat, scheint das Phänomen krankmachender sozialer

© Springer Fachmedien Wiesbaden 2016
G. P. Hoffmann, *Führungsherausforderung Mobbing*, essentials,
DOI 10.1007/978-3-658-12877-7_2

Bedingungen oder aggressiven gruppalen Verhaltens generell in den 1970-er Jahren auffällig geworden sein. Unabhängig voneinander beschäftigten sich mehrere Personen mit diesen Dynamiken, wenn auch aus spezifischen Perspektiven. Die bekanntesten sind dabei Carroll M. Brodsky (1976), der sich mit arbeitsmedizinischen Folgen von Belästigung am Arbeitsplatz auseinandersetzte, sowie Peter-Paul Heinemann (1972) oder auch Dan Olweus (1973), die jeweils Gruppengewalt unter Jugendlichen untersuchten.[1]

Als Gemeinsamkeit der genannten Ansätze kann festgehalten werden, dass es sich in den phänomenologischen Beschreibungen immer um ein Gruppenverhalten handelte, das als aggressiv oder feindselig beschrieben wird. Über die Motive, die hinter diesem Verhalten stehen (könnten), besteht zwischen den unterschiedlichen Ansätzen schon deutlich weniger Einigkeit, sondern ist die Position stark geprägt von der jeweiligen Forschungstradition und der damit verbundenen Perspektive auf das Phänomen.

Die unterschiedlichen Blickwinkel zeigen zum einen, dass wohl jede soziale Situation grundsätzlich geeignet ist, mobbingartige Dynamiken zu entwickeln, zum anderen – und das ist nicht nur ein forschungspraktisches Problem – gibt es den erheblichen Nachteil, dass der Begriff nicht wirklich trennscharf wird, wenn Ähnliches mit unterschiedlichen Begriffen beschrieben und nicht deutlich gemacht wird, wo jeweils Differenzen zu sehen sind, die tatsächlich einen *Unterschied* machen. Bis heute ist der Begriff Mobbing in englischsprachiger (und damit internationaler) Forschung kaum bekannt, sondern werden vergleichbare Sachverhalte als *emotional abuse* oder (*workplace*) *bullying*[2] bezeichnet – allerdings haben auch diese beiden Begriffe selbst ein gewisses Maß an Abgrenzungsproblematik.

Es wird damit mehr als deutlich, dass trotz jahrzehntelanger Forschung bis heute keine einheitliche, verbindliche Definition von Mobbing vorliegt, sondern je nach Disziplin und wissenschaftlichem Hintergrund, mitunter deutlich auseinandergehende Vorstellungen vorhanden sind. Es scheint mir daher notwendig, die determinierenden Aspekte von Mobbing hier nochmals aufzugreifen und auch jeweilige Abgrenzungen zu ähnlichen, oft auch synonym verwendeten Begriffen vorzunehmen.

---

[1] Der interessierten Leserin oder dem interessierten Leser empfehle ich die Arbeit Wolfgang Roths (2002), der die Geschichte des Mobbing-Begriffes im Überblick darstellt.

[2] Der Begriff wurde von der britischen Forscherin Andrea Adams (1992) eingeführt, wobei sie Mobbing als Teilmenge des Bullying versteht, die deutlich subtiler wirkt als Bullying. (siehe dazu auch 2.2.3 Bullying, S. 9). Ich verwende aufgrund der großen Verbreitung in der internationalen Forschung workplace bullying und Mobbing insofern abgegrenzt, als dass Bullying sich auf einen Einzelangreifer, Mobbing sich auf eine Gruppe als Angreifer bezieht.

2.2 Mobbing – Workplace Bullying

Wie bereits erwähnt, beobachtete Leymann in seinen arbeitsmedizinischen Forschungen sich wiederholende Phänomene: Personen schieden (zumindest vorübergehend) aus dem Erwerbsleben aus, wo es keine der ‚üblichen' Ursachen, wie Arbeitsunfälle, körperlicher Verschleiß, Vergiftungen und Ähnliches gab. Leymann begann diese Fälle genauer zu untersuchen und stieß dabei auf oft jahrelange belastende Erfahrungen im und um das Arbeitsleben, die geprägt waren durch gerichtetes, feindseliges Verhalten von Kolleginnen und Kollegen.

▶ **Mobbing** Der Begriff Mobbing beschreibt negative kommunikative Handlungen, die gegen eine Person gerichtet sind (von einer oder mehreren anderen) und die sehr oft und über einen längeren Zeitraum hinaus vorkommen und damit die Beziehung zwischen Täter und Opfer kennzeichnen (Leymann 1993, S. 21).

Diese erste Definition wird später noch erweitert um die Dimension der Zielgerichtetheit der Handlungen, die Leymann im Ausstoß aus dem Arbeitsverhältnis zu erkennen meint (Leymann 1995a, S. 15 ff.). In weiterer Folge entwickelte Leymann auch ein Phasenmodell nach dem Mobbing ‚typischerweise' verlaufen würde (Leymann 1993, S. 57 ff.), sowie einen standardisierten Fragebogen (das sogenannte *Leymann Inventory for Psychological Terrorization LIPT*), in dem er 45 typische Mobbing-Handlungen (Leymann 1990) definierte, die im Wesentlichen in fünf Kategorien einzuordnen sind. Er nennt diese Kategorien 1) Angriffe auf die Möglichkeiten, sich mitzuteilen, 2) Angriffe auf soziale Beziehungen, 3) Angriffe auf das soziale Ansehen, 4) Angriffe auf die Qualität der Berufs- und Lebenssituation und 5) Angriffe auf die Gesundheit.

Die Mobbing-Forschung war in den folgenden Jahren insbesondere mit der Auseinandersetzung zu dieser allgemeinen Mobbingdefinition, dem LIPT und dem Phasenmodell geprägt. Die Auseinandersetzungen waren dabei durchaus differenziert, würde aber hier zu weit führen, deshalb verweise ich auf die ausführliche Darstellung theoretischer Zugänge und Positionen von Gregor Paul Hoffmann (2008). An dieser Stelle soll es reichen, jene Dimensionen aufzugreifen, um die diese erste allgemeine Definition zu erweitern ist:

Mobbing ist kein Geschehen nur zwischen ‚Täter und Opfer'. Mobbing ist ein *systemischer Prozess*, bei dem der gesamte soziale Kontext mitwirkt. Es gibt heimlich und offen Solidarische, es gibt ‚unbeteiligte' Zuseher. Es entwickeln sich Gesprächs- und Erzählgemeinschaften, in denen die vermeintlichen Fehler und Regelverstöße des jeweils anderen aufgezeigt werden, in denen die eigene Vorgehensweise, die eigenen Handlungen legitimiert und rationalisiert werden. Daraus entwickeln sich gemeinsame Bilder und Erzählungen der Situation, die ihrerseits in die Organisationskultur (Schein 2010) als Rahmenbedingung eingebettet sind. Das bedeutet aber auch, dass Mobbing für das gesamte soziale System eine problematische Entwicklung darstellt, und die Selbstregulationsprozesse und die Leistungsfähigkeiten des Systems (und natürlich jeder und jedes Einzelnen innerhalb des Systems) beeinträchtigt sind.

Mobbing-Dynamiken sind nicht einseitig, vom ‚Täter gegen das Opfer‘, gerichtet sondern zeigen sich vielmehr in einer komplexen Wechselwirkung, als kommunikatives Geschehen. Oswald Neuberger (1999, S. 18) bringt es in seiner Mobbing-Definition zugespitzt auf den Punkt: „Jemand spielt einem übel mit und man spielt wohl oder übel mit." Mobbing hat also immer auch *interaktionalen Charakter*, daher sind auch die Bezeichnungen Täter und Opfer kritikwürdig, da dadurch bereits eine Rollenzuschreibung, eine Bewertung und eine Stigmatisierung erfolgt und nicht zuletzt auch das Thema Schuld eingeführt wird. Es steht außer Frage, dass im Laufe einer Mobbing-Dynamik, die oder der Betroffene in eine unterlegene Position kommt, dennoch kann kommunikatives Geschehen nie eine Einbahnstraße sein.

Mobbing kann sich nicht nur auf Handlungen beziehen. Der Begriff Handlung impliziert immer auch ein Motiv und damit ein Ziel der Handlung, wohingegen Verhalten allgemeiner zu verstehen ist, als die Gesamtheit beobachtbarer ‚Äußerungen‘ eines Menschen. Nicht alle diese Äußerungen sind bewusst gesetzt, sondern entsprechen eher persönlichen Mustern oder Skripten (Berne 2002). Es ist daher besser, allgemeiner von *Mobbing-Verhalten* zu sprechen, insbesondere wenn man das systemische Geschehen mit in den Blick nimmt: selbst wenn der hauptsächlich feindselig handelnden Person ein Motiv unterstellt werden kann, so gibt es doch eine Reihe von (vermeintlich) Unbeteiligten, die keine konkreten Handlungen zeigen, aber sich doch ‚äußern‘, ganz im Sinne des von Watzlawick et al. (2003) formulierten Axioms der Unmöglichkeit, nicht zu kommunizieren. Die von Leymann (1993) oder auch Esser und Wolmerath (1999) gesammelten ‚typischen Mobbing-Handlungen‘ sind nichts desto trotz in der Diagnostik hilfreich.

Mobbing ist also ein umfassend zu verstehendes kommunikatives Geschehen. Jede Kommunikation ist aber immer auch interpretationsbedürftig. Dies ist bereits oben angeklungen, als ich von Erzählgemeinschaften gesprochen habe. Interaktionale Prozesse beinhalten immer eine *subjektive Wahrnehmung und Deutung* der Ereignisse. In Erzählgemeinschaften wird die jeweils eigene (subjektive) Interpretation der Ereignisse fortgeschrieben, woraus sich verfestigende Einschätzungen und Bewertungen der Situation ergeben, die gegebenenfalls von solidarischen Kolleginnen und Kollegen zusätzlich bestätigt werden. Es kommt zu sich wiederholenden und damit sich selbst bestätigenden kommunikativen Mustern und

Skripten in dessen Folge sich Machtunterschiede und Ressourcenverschiebungen zu Ungunsten der oder des Betroffenen ergeben.

Es zeigt sich also so etwas wie ein Mobbing-Verlauf, der sich zunehmend zuspitzt. Auf diesem Hintergrund hat Leymann auch sein Phasenmodell entwickelt. Allerdings haben solche Modelle ganz allgemein das Problem, dass sie zu eingeschränkt und unzulässig vereinfachend sind, weil die jeweils wirkenden Kontexte nicht mit berücksichtigt sind. Darüber hinaus sind sie in der Regel empirisch nicht zu halten. So formulieren Claudia Knorz und Dieter Zapf schon in frühen Untersuchungen, dass die empirischen Befunde „das von Leymann postulierte Phasenmodell als theoretisches Modell infrage stellen" (Knorz und Zapf 1996, S. 15). Soziale Prozesse sind viel zu komplex und von so vielen Aspekten abhängig, so dass das Typische wohl die *Nichtlinearität* und der, für die jeweilige Situation *spezifische Verlauf*, sind.

Wie bei sozialwissenschaftlichen Konstrukten praktisch immer, ist es auch bei Mobbing schwierig, eine der Komplexität sozialen Geschehens entsprechende und allgemeine Definition zu finden, was insbesondere ein Problem der einschlägigen Forschung und die Forschungsmethodik darstellt (Neall und Tuckey 2014).

An dieser Stelle soll es allerdings reichen die wesentlichsten Punkte, die als *common sense* der Mobbing-Forschung gelten, festzuhalten

▶ **Sozialer Konflikt** Mobbing ist als ein Prozess in einem sozialen System (z. B.: Arbeitsplatz, Schule, …) zu verstehen, der geprägt ist durch Interaktionsverhalten, das darauf abzielt, die Betroffene oder den Betroffenen in eine unterlegene Position zu bringen. In der Folge kommt es zu einer Ressourcenverschiebung zu Ungunsten der oder des Betroffenen, sowie erheblichen sozialen Stress, der die dynamischen Regulationsprozesse ernstlich beeinträchtigt und eine Krise auslösen kann.

2.2.1 Exkurs – Sonderformen von Mobbing: Bossing, Staffing, Cyber-Mobbing und Straining

In den letzten Jahren hat sich eine Reihe von Begriffen in Anlehnung an den Mobbing-Begriff entwickelt, die hier nur kurz angerissen werden, aber aufgrund von spezifischen Abgrenzungsproblemen genannt sein sollen.

Bossing meint, dass eine Führungskraft ihre formale Machtposition ausnützt und diese gegen eine Mitarbeiterin oder einen Mitarbeiter einsetzt. Der Begriff gibt folglich Auskunft darüber in welche Richtung die Dynamik wirkt. Die Problematik ist es hier eine tragfähige Unterscheidung zwischen Führungsverhalten und Mobbing zu finden. Wann ist ein Führungsverhalten als gezielt und gerichtet zu verstehen und wann ist es ‚lediglich' Ausdruck eines problematischen Führungsstils?

Staffing meint im Gegensatz dazu, dass die Belegschaft gegen die Führungskraft agiert. Auch dieser Begriff gibt lediglich einen Hinweis auf die Richtung der Dynamik, ohne weitere Qualitäten auszudrücken.

Ich halte die begriffliche Differenzierung zwischen Mobbing, Bossing und Staffing für entbehrlich, weil Machtunterschiede ohnehin inhärenter Teil des Mobbinggeschehens sind und damit über diese Differenzierung keine zusätzliche Qualität gewonnen werden kann, die nicht über den Begriff Mobbing abgedeckt werden kann. Dass sich die Dynamiken unterscheiden, liegt auf der Hand – ich denke es ist aber deutlich geworden, dass jede spezifische Mobbing-Dynamik für sich, in ihrer kontextualen Einbettung, betrachtet werden muss und daher auch hier kein Mehrwert durch eine weitere Verkomplizierung und Verwässerung durch neue Begriffe entsteht.

Straining beschreibt eine Besonderheit, nämlich einen „Konflikt am Arbeitsplatz, welcher (…) nicht auf zahlreichen feindseligen Handlungen gegen ein Opfer basiert, sondern bei dem nur wenige Handlungen (oftmals gar nur eine) einen weitreichenden und anhaltend negativen Effekt auf das Arbeits(er)leben des Opfers hat" (Ege 2014). Straining stellt damit ebenfalls einen Sonderfall von Mobbing dar, dennoch gibt es einen gewissen Mehrwert, wenn man sich auf die Mobbing-Definition von Leymann bezieht, die ja Handlungen als Mobbing bezeichnet, die „sehr oft und über einen längeren Zeitraum hinaus vorkommen" (Leymann 1993, S. 21): Anzahl und Häufigkeit sind keine relevanten Kriterien um die Nachhaltigkeit von Belastung zu beurteilen.[3]

Cyber-Mobbing[4] hingegen fasst Mobbing-Dynamiken durch moderne Kommunikationstechnologie, insbesondere in sozialen Netzwerken, zusammen. Der wesentliche Unterschied zu ‚klassischem Mobbing' ist hier in der Verbreitungsgeschwindigkeit, dem potenziellen Ausmaß an Öffentlichkeit und der (scheinbaren) Anonymität, sodass neben den Medium des Internets auch noch eine zusätzliche Bedrohungs- oder Belastungsqualität impliziert ist. Tatsächlich scheint sich in der

---

[3] Ob es dafür einen eigenen Begriff braucht, oder ob nicht einfach Dauer und Frequenz von Handlungen (sofern es nicht forschungspraktisch relevant ist) aus der Mobbing-Definition gestrichen werden sollten, wie von Hoffmann (2008) vorgeschlagen, ist vielleicht eine Geschmacksfrage.

[4] Cyber-Mobbing ist lediglich ein Überbegriff für eine Reihe von Angriffen auf die Integrität von Personen über neue Medien. Eine Differenzierung der unterschiedlichen Erscheinungsformen, wie bspw. grooming, happy slapping, frape oder ähnliches findet sich für die interessierte Leserin oder der interessierte Leser bspw. auf www.saferinternet.at oder www.klicksafe.de.

Praxis Cyber-Mobbing meist als Begleiterscheinung Mobbing-Dynamiken in realen Beziehungskonstellationen zu zeigen und nur selten als eigenständiges Phänomen aufzutauchen (Schneider et al. 2013).

2.2.2 Konflikt

Mobbing-Prozesse sind immer ein soziales Geschehen, daher sind die erwähnten Konflikte in diesem Zusammenhang immer auch „soziale Konflikte", die Glasl (2002, S. 14) wie folgt definierte:

▶ **Sozialer Konflikt** Sozialer Konflikt ist eine Interaktion zwischen Aktoren (Individuen, Gruppen, Organisationen usw.) wobei wenigstens ein Aktor Unvereinbarkeiten im Denken/Vorstellen/Wahrnehmen und/oder Fühlen und/oder Wollen mit dem anderen Aktor (anderen Aktoren) in der Art erlebt, dass im Realisieren eine Beeinträchtigung durch einen anderen Aktor (die anderen Aktoren) erfolge.

Beim sozialen Konflikt geht es zunächst nicht um bewusstes, gezielt feindseliges Verhalten, das sich in systematischen Angriffen äußert, sondern um (scheinbare) Unvereinbarkeiten. Damit bietet ein Konflikt immer auch Lösungspotenzial, eine Chance auf Veränderung – ganz im Gegenteil dazu steht bei Mobbing nicht mehr eine Lösung im Mittelpunkt, sondern das Geschehen hat sich völlig auf eine zwischenmenschliche, persönliche Ebene verlagert und eine dysfunktionale, oft auch destruktive Interaktion ist vorherrschend.

Dennoch bleibt ein Mobbing-Prozess in einer gewissen Nähe zur Konflikttheorie Glasls, wenn man an das „Phasenmodell der Eskalation" (Glasl 2002, S. 215 ff.) denkt, das als Betrachtungsfolie durchaus für Mobbing übernommen werden kann. Allerdings ergibt sich natürlich das grundsätzliche Problem von Phasenmodellen wieder. Es ist, wie bei Mobbing auch, eine multiperspektivische Betrachtung des komplexen, multifaktoriellen Konfliktgeschehens (Petzold 2003) notwendig, um sich nicht der unzulässigen Vereinfachung hinzugeben, dass Phasenmodelle für sich Konfliktgeschehen erklären oder Konflikte zwangsläufig in dieser Form ablaufen müssen.

2.2.3 Bullying

Der Begriff des *Bullying* ist einer jener Termini, die dem Mobbing-Begriff Leymanns sehr ähneln. Wie bereits erwähnt, ist in der englischsprachigen Forschung auch überwiegend von *workplace bullying* die Rede.

Im deutschsprachigen Raum wird allerdings unter Bullying im Allgemeinen „Mobbing unter Schülern" verstanden, eher allerdings im Sinne von Rangeleien und Raufereien. Bemerkenswert ist hier aber der Umstand, dass mit zunehmender Alter der Kinder und Jugendlichen die physische Gewalt ab- und die verbale Aggression zunimmt. Daraus ließe sich ableiten, dass Bullying sich mit zunehmendem Alter der Jugendlichen an Mobbing annähert bzw. lediglich die Methoden subtiler und für die Umwelt weniger auffällig werden (Zapf 1999).

Eine mögliche interessante Unterscheidung zwischen Mobbing und Bullying könnte man auch in der Anzahl der Täter finden. So könnte man in Anlehnung an Olweus von Bullying dann sprechen, wenn es einen Angreifer (‚bully') gibt, und in Folge von Mobbing dann, wenn ein Gruppe (‚mob') als Tätergemeinschaft auftritt (Olweus 1995).

Die Französin Marie-France Hirigoyen versteht Mobbing vor allem als „kollektives Quälen und strukturbedingte Gewalt" (Hirigoyen 2004, S. 86). Im deutschsprachigen Raum vorherrschenden Verständnis, stellt hingegen strukturbedingte Gewalt für sich keinen Aspekt Mobbings dar, da diese nicht gezielt und gerichtet, sondern allgemein auf alle Mitarbeiterinnen und Mitarbeiter wirkt. Bullying fasst Hirigoyen unter Berücksichtigung von Belästigungen sexueller Art und Handgreiflichkeiten weiter. „Es handelt sich dabei eher um Schikanen oder individuelle Angriffe als um strukturbedingte Gewalt" (2004, S. 89). Dieses Verständnis ist aus deutschsprachiger Sicht bemerkenswert, fasst sie doch mit Bullying das zusammen, was im deutschsprachigen Raum eigentlich mit Mobbing assoziiert wird und sich an die Beschreibung des *bullying at work* von Adams (1992) anlehnt.

Zusammenfassend wird deutlich, dass der im Deutschsprachigen übliche Gebrauch von Mobbing, nicht generell gilt und in der Auseinandersetzung insbesondere auch kulturellen Aspekten Rechnung zu tragen ist.[5]

2.3 Bedingungen für die Entstehung von Mobbing

In der Beratungspraxis wird von Mobbing-Betroffenen häufig geäußert, dass sich die Mobbing-Situation nur deshalb so entwickelt hat, weil die Führungsperson nicht ihre Verantwortung übernommen und ihre Führungsfunktion nur unzureichend ausgefüllt hat.

---

[5] Eine interessante Arbeit, die den kulturellen Aspekt auch in den Vordergrund rückt, stammt von Soydan Soylu (2011), der den Zusammenhang paternalistischen Führungsverhaltens und Mobbing in der Türkei untersucht hat und es anhand des relevanten ethisch-kulturellen Klimas diskutiert.

Handelt es sich bei diesen Aussagen, um subjektive Deutungen, die bereits Ausdruck des Mobbing-Geschehens sind, oder lässt sich auch empirisch belegen, dass die Führungskraft eine zentrale Rolle im Mobbing-Geschehen hat, vielleicht auch und gerade dann, wenn sie selbst nicht aktiv handelnd ist?

Die Mobbing-Forschung hat sich in den letzten Jahrzehnten sehr intensiv mit den Bedingungen des Entstehens von Mobbing befasst, was insbesondere deshalb von Bedeutung ist, da die Untersuchung von Ursachen immer auch Hinweise gibt, was Präventivfaktoren sein können. Die Studien haben mehrere Ebenen in den Blick genommen: Ursachen, die in der Organisation liegen, wie beispielsweise Führung, Organisationskultur und Machtverteilung, Ursachen im Sozialen, wie zum Beispiel Neid, Konkurrenz oder soziale Inkompatibilitäten, sowie Ursachen, die in persönlichen Faktoren identifiziert werden, wozu neben Persönlichkeit auch Fertigkeiten und Qualifikation gezählt werden (Qureshi et al. 2015). Im Folgenden werden die zentralsten Aussagen des aktuellen Forschungsstands skizziert.

2.3.1   Die workplace-environment-hypothesis

Schon Heinz Leymann hat in seinen Arbeiten die Arbeitsumgebung als zentrale Ursache für die Entstehung von Mobbing beschrieben. Er fokussiert dabei auf drei organisationale Aspekte, die Organisation der Arbeit, die Aufgabengestaltung und die Führung (Leymann 1993). Zeigen sich in diesen Dimensionen Defizite, so führen sie – so Leymann – zu biologischen Stresseffekten und wirken „dadurch schädlich auf die sozialen Strukturen und Kräfte einer Arbeitsgruppe" (Leymann 1993, S. 133).

Diese workplace-environment-hypothesis ist nach wie vor das dominante Konzept zur Erklärung von Mobbing. Eine Reihe von entsprechenden Untersuchungen lässt mittlerweile keinen Zweifel daran, dass dieser Zusammenhang empirisch belegbar ist. Das Problem mit einer allgemeinen Aussagekraft, liegt in der der Tatsache, dass diese Studien häufig Betroffene untersucht haben. Offen bleibt daher die Frage, ob das Arbeitsumfeld auch von jenen Personen, die nicht von Mobbing betroffen waren, als problematisch eingeschätzt wird. Anders Skogstad et al. (2011) haben diese Fragestellung ins Zentrum ihrer Untersuchung gestellt. Es zeigt sich tatsächlich, dass die psychosozialen Bedingungen als schlecht eingeschätzt werden, wenn Mobbing auftritt – unabhängig ob von Mobbing betroffen oder nicht, vielmehr zeigen sich signifikante Zusammenhänge zwischen Führungsverhalten, Rollenkonflikten und -unsicherheit und Arbeitsklima mit dem Auftreten von Mobbing. Diese Erkenntnisse unterstreichen die Bedeutung eines tragfähigen sozialen Gefüges, nicht strukturelle Unsicherheiten oder Probleme stehen im Vordergrund, sondern das intersubjektive Milieu menschlicher Sozialität.

Eine Untersuchung, die diese Thematik ebenfalls aufgreift und sogar europaweit durchgeführt wurde, war jene von Stefanie Schütte et al. (2014), die sich zwar nicht konkret auf Mobbing bezog, aber allgemeine Aussagen über psychosoziale Bedingungen am Arbeitsplatz erheben wollte. Bemerkenswert dabei ist die Erkenntnis, dass sich zwischen den Ländern keine Unterschiede hinsichtlich der Zusammenhänge zeigten, sondern Bedingungen wie Überlastung, die Notwendigkeit Emotionen zu verstecken, geringe Entwicklungsmöglichkeiten, Rollenkonflikte, schlechte Führung, und auch Mobbing-Erfahrungen usw. immer zu psychischen Belastungen und gesundheitlichen Einschränkungen führt.

Die jeweiligen psychosozialen Bedingungen in der Organisation können als Oberflächenphänomene der Organisationskultur (Schein 2010) verstanden werden. Die Organisationskultur steht beständig und dauerhaft über das, in der Geschichte der Organisation ausdifferenzierte, Regelsystem in Wechselwirkung mit aktuellen psychosozialen Bedingungen. Kultur prägt den Umgang miteinander, die Art und Weise wie Dinge, Probleme gesehen werden und auch wie Abweichungen sanktioniert werden. Umgekehrt haben natürlich auch aktuelle Ereignisse und Prozesse ihrerseits eine Wirkung auf die Organisationskultur, und formen sie mit. Beides erfolgt ohnehin – völlig gleichgültig, ob versucht wird steuernd einzugreifen – aber es wird auch deutlich: Führungskräfte als relevante Kulturträger haben eine besondere Verantwortung!

2.3.2 Die Rolle der Führungskraft

Führungskräfte und das gezeigte Führungsverhalten spielen also eine zentrale, aber auch sehr komplexe Rolle, im Entstehen von Mobbing-Prozessen. Es zeigt sich, dass Führungsverhalten, das geprägt ist von effektiver Kommunikation, klaren Anweisungen, Anerkennung und Wertschätzung, differenzierter Teilhabe an Entscheidungsfindungsprozessen und Vertrauen in die Problemlösungsfähigkeit offenbar ein insgesamt gesundheitsförderliches Klima ermöglicht. Dynamiken wie Mobbing spielen in solchen Klimata kaum eine Rolle (Qureshi et al. 2015).

Die beschriebenen Merkmale erinnern dabei stark an das Modell des Full-Range-of-Leadership (Avolio et al. 1999), bei dem die Komponenten der transformationalen, also die vorbildhafte Wirkung von Führungskräften, die herausfordernden Kompetenzorientierung, die Stimulation und Wertschätzung kritischer Auseinandersetzung, sowie die gezielte Förderung gemeinsam mit jenen der sogenannten transaktionalen Führung, nämlich klare und verlässliche Anerkennung, verantwortungsvoll korrigierende Maßnahmen bei Fehlern (passive management-by-exception), und aktive Fehlersuche zur Weiterentwicklung (active management-by-exception) zur Anwendung kommen.

Diese Zusammenhänge werden in mehreren Studien bestätigt. In einer breit angelegten Untersuchung von Kanami Tsuno und Norito Kawakami (2015) über den Zusammenhang von Führungsstil und dem Auftreten von Mobbing können diese ersten Erkenntnisse noch weiter vertieft und gestützt werden. So zeigt ein laissez-faire-Führungstil im Vergleich mit einem Stil, der unterstützend-herausfordernd ist, eine über vierfach so hohe Wahrscheinlichkeit, das Mobbing auftritt. Der Führungsstil des laissez-faire erweist sich damit als der ungeeignetste zur Prävention von Mobbing, wohingegen die erwähnten Qualitäten der transformationalen Führung deutlich vorbeugend wirken. Bemerkenswert aber auch, dass der Stil der aktiven Fehlersuche eher einen positiven Zusammenhang (wenn auch nicht statistisch signifikant) mit dem Auftreten von Mobbing hat, was in Anlehnung an Necati Cemaloglu (2011) mit den kontrollierenden, autoritären und auch bestrafenden Aspekten des Führungsstils interpretiert wird.

Eine Studie von Morten B. Nielsen (2013) bestätigt die positive Wirkung tranformationaler und auch authentischer Führung (George 2003) ebenfalls. Er sieht den zentralen Wirkfaktor der beiden Stile darin, dass sie Sicherheit vermitteln. Auf der anderen Seite erweist sich laissez-faire auch in seiner Analyse als der problematischste Führungsstil.

Die Ergebnisse sind also doch recht eindeutig. Der Führungsstil ist eine wesentliche Entstehungsbedingung von Mobbing. Was diese Erkenntnis für die konkrete Führungsarbeit bedeutet werde ich später noch ausführlicher darstellen (siehe 3.3.2 Führungsarbeit, S. 14).

2.3.3   Die Bedeutung von Konflikten und Konfliktkultur

Mobbing hat eine Nähe zu Konflikten, das ist offensichtlich und nachvollziehbar. Auch sind konflikttheoretische Annäherungen durchaus brauchbar, um sich dem Phänomen zu nähern. Insofern ist es naheliegend auch darüber nachzudenken, welche Wirkung der Umgang mit Konflikten in sozialen Systemen auf die Entstehung oder Entwicklung von Mobbing-Prozessen hat. Könnte ein nicht angemessen gelöster Konflikt sich zu Mobbing „auswachsen" und eine Eigendynamik entwickeln?

Tatsächlich lässt sich dieser Zusammenhang in einer Reihe von Studien belegen (bspw. Baillien et al. 2014; Leon-Perez et al. 2015), sodass es naheliegend ist anzunehmen, dass Mobbing nichts weiteres als eine Folge der Konfliktintensität und der mit dem unbewältigten Konflikt einhergehenden negativen emotionalen Ladung, sofern es sich auch um einen Konflikt auf der Ebene der sozialen Beziehungen gehandelt hat. Umso bedeutender ist es aber den Umgang mit Konflikten, das Führungsverhalten in Konflikten, sowie die gerade in Mobbing-Situationen zu berücksichtigende Machtverteilung zu thematisieren.

Führungskräfte sind zum einen aufgrund ihrer Funktion mit einer gewissen (positionalen) Macht ausgestattet, zum anderen beruht ihre Macht aber auch auf Beziehungsqualitäten (personale Macht), die sie etablieren konnte. In einer Studie von Alicia Arenas et al. (2015) zeigt sich ein relevanter Zusammenhang, zwischen dem Einsatz dieser persönlicher Macht in der Vermittlung und Klärung bei Konflikten auf der Ebene sozialer Beziehungen und der Entwicklung von Mobbing. Den Hintergrund identifizieren sie dabei darin, dass Macht aufgrund von Beziehungsqualitäten insbesondere auf den Faktoren Vertrauen, emotionaler Intelligenz, emotionaler und sozialer Unterstützung beruht. Wenn diese Qualitäten nun in einem Konflikt aktualisiert werden, fällt eine Klärung leichter. Gelingt es einen Konflikt zu klären, bevor er eine hohe emotionale Ladung erhält, ist die Entstehung von Mobbing eher unwahrscheinlich.

Die aktive Auseinandersetzung mit und das aktive Engagement bei Konflikten, ist folglich als Teil der Verantwortung der Führungskraft zu verstehen und nicht – was manchmal vorkommt – in einer autoritären Weise Kraft der Macht aus der Funktion Konflikte für „beendet zu erklären".

Hier wird auch schon deutlich, welche Bedeutung die Konfliktkultur hat. Werden Konflikte als Möglichkeit der Weiterentwicklung, als Symptom einer ‚Funktionsstörung' verstanden, die hilfreiche Hinweise für Möglichkeiten der Verbesserung liefert und herrscht eine aktive Kultur im Sinne einer Lösungsorientierung, wirkt das deeskalierend. Die Langzeitstudie von Baillien et al. (2014) zeigt dabei eindrucksvoll, dass aber nicht nur das Konfliktmanagement der Führungskraft bedeutsam ist, sondern ebenso die Konfliktkompetenz und -kultur in der Arbeitsgruppe oder dem Team. So sind jene Personen, die selbst einen problemzentrierten, aber lösungsorientierten Konfliktstil pflegen signifikant weniger gefährdet von Mobbing betroffen zu sein, und auch nicht selbst übergriffiges Verhalten zu zeigen – wohingegen der Stil Konflikte zu forcieren einen deutlichen Zusammenhang mit einer zukünftig aktiven Rolle in Mobbing-Situationen zeigt.

Zusammenfassend liegt die Schlussfolgerung nahe, die Konfliktlösungskompetenz zu stärken, sowohl jene der Führungskräfte, als auch jene der Mitarbeiterinnen und Mitarbeiter. Insbesondere die Führungskraft hat aber die Verantwortung im Sinne einer Vorbildwirkung (siehe oben), das gewünschte Konfliktverhalten zu zeigen, oder auch aktiv steuernd einzugreifen, wenn es zu Konflikten kommt.

2.3.4 Die Rolle der (unbeteiligten?) Zuseher

Wie schon deutlich wurde sind Beziehungen, als ein Aspekt der psychosozialen Arbeitsbedingungen zentral. Die Qualität der persönlichen Beziehung von Führungskräften zu Mitarbeiterinnen und Mitarbeitern ist relevant für den Umgang mit

Konflikten und die Möglichkeit diese zu klären, um Mobbing erst gar nicht entstehen zu lassen. Was aber, wenn es bereits Mobbing gibt? Welche Rollen etablieren sich in dieser Dynamik und welche Bedeutung haben sie.

Wie William Isaacs (2002) vorschlägt, lassen sich in kommunikativen Prozessen in Gruppen, grundsätzlich 4 mögliche prototypische Rollen identifizieren: die Beweger (*Mover*), die Gegner (*Opposer*), die Unterstützer (*Follower*) und die Beobachter (*Bystanders*). Die jedoch grundsätzlich nicht stabil, sondern dynamisch innerhalb des sozialen Systems sind, das heißt jede Person kann grundsätzlich jede diese Rollen übernehmen, unabhängig welche persönliche Disposition die Person aufweist. Im Kontext von Mobbing verfestigen sich diese Rollen, insbesondere diejenigen der Antagonisten. Schwieriger zu beobachten, sind Unterstützer und Beobachter: wer zeigt sich mit wem durch welches Verhalten solidarisch, zeigt heimliche Solidaritätsbekundungen, oder nimmt jemand offen Stellung und bezieht Position?

Die Rollen der Beobachter sind schon seit vielen Jahren auch Forschungsgegenstand der Konfliktforschung. Im Wesentlichen lassen sich drei Hypothesen unterscheiden: zum einen wird vertreten, dass Beziehungsangebote und gezeigte Solidarität zum Zugehörigkeitsgefühl beitragen, was zur Beruhigung führt. Die zweite Hypothese besagt, dass die Beobachterinnen und Beobachter aus Selbstschutz Beziehungsangebote setzen, um nicht selbst zum Ziel von (umgeleiteter) Aggression zu werden. Die dritte Hypothese (*relationship-repair hypothesis*), geht davon aus, dass Beobachterinnen und Beobachter quasi in Vertretung die Beziehung wieder normalisieren können. Roman M. Wittig und Christophe Boesch (2010) zeigen in einer vergleichenden Studie, dass tatsächlich die Relationship-Repair-Hypothese wirksam sein dürfte, wie schon aus dem Titel des Artikels deutlich wird: „Receiving Post-Conflict Affiliation from the Enemy's Friend Reconciles Former Opponents" (Wittig und Boesch 2010, S. 1).

Roelie Mulder et al. (2014) haben ebenfalls das Verhalten der Bystanders untersucht. Die Studie zeigt, dass das Verhalten der von Mobbing betroffenen Person bedeutsam ist. Zeigt sie konfliktforcierendes Verhalten wird sie mit weniger Unterstützung durch (noch) unbeteiligte Beobachterinnen und Beobachter rechnen können. Ja mehr noch, zeigt sich die Tendenz der Solidarität mit dem Bully oder den Bullies. Genauso zeigen sich aber signifikante Hinweise darauf, dass die Betroffenen mit social support rechnen können, wenn das feindselige Verhalten von den Beobachterinnen und Beobachtern als ungerechtfertigt eingeschätzt wird, sofern das Risiko gering eingeschätzt wird, bei einer Äußerung mit der betroffenen Person assoziiert und stigmatisiert zu werden (stigma-by-association), womit sich wieder der Kreis zur Organisationskultur schließt.

Zusammenfassend lässt sich festhalten, dass die empirischen Ergebnisse starke Bestätigung dafür sind, dass die Kultur ein zentraler Präventionsfaktor ist: welche Atmosphäre insgesamt herrscht, wie mit Konflikten umgegangen wird, und ob es die Kultur zulässt, offen Positionen einzunehmen sind zentral dafür, dass aus einem Konflikt nicht eine sich verselbständigende Mobbing-Dynamik wird oder sich eine Kultur der Unsicherheit, der Angst oder gar eine „bullying-culture" entwickelt, die dauerhaft wirksam ist und über kurz oder lang, nicht nur individuell, sondern auch auf der Ebene der Gruppe und des Unternehmens erhebliche Schäden anrichtet.

Was können Führungskräfte also tun, entsprechende Kulturen zu entwickeln? Das ist die zentrale Thematik einer sogenannten resilienzfördernden Führung, wie ich im nächsten Kapitel erläutern werde.

Resilienzfördernde Führung 3

In den letzten Jahren entwickelte sich Resilienz – also in etwa die ‚psychische Widerstandskraft' – zu einem enorm modernen Begriff. Was aber ist genau darunter zu verstehen, und wie kann Führung aussehen, um Resilienz auf individueller, gruppaler und organisationaler Ebene zu entwickeln?

Zur Beantwortung dieser Frage werde ich zunächst die Folgen von Mobbing darstellen, um dann das Konstrukt der Resilienz ein wenig genauer zu beleuchten. Daraus lassen sich dann Schlussfolgerungen für die Führungspraxis und die Wirkung auf den Ebenen Prävention, Deeskalation und Wiederherstellung der Arbeitsfähigkeit von Arbeitsgruppen und Teams formulieren.

3.1 Folgen von Mobbing

Die bereits erwähnte Arbeit von Schütte et al. (2014, S. 901) zeigt, dass etwa 4,7 % der europäischen Arbeitnehmerinnen und Arbeitnehmer sich selbst als Mobbing-Betroffene beschreiben. Berücksichtigt man auch physische Gewalt, sexuelle Belästigung und Diskriminierung so ergibt sich ein Wert von erschreckenden etwa 14 % der untersuchten Personen, die zumindest von einer der, in der Studie als *workplace violence* zusammengefassten, Belastungen betroffen sind. Bereits dieser Wert für sich ist eine Bestätigung dafür, dass es notwendig ist, dagegen aktiv zu werden, was aber noch bestätigt wird, wenn man die Folgen von Mobbing im Detail betrachtet.

So zeigen auf sich individueller Ebene zunächst Selbstwertprobleme, Selbstzweifel, die relativ bald von psychosomatischen Beschwerden ergänzt werden. Bei längerer Dauer kommt es zu erheblichen gesundheitlichen Auswirkungen bis hin zu psychiatrischen Erkrankungen, wie Depressionen oder Posttraumatische Belastungsstörung (Bonafons et al. 2009; Leymann 1995b; Nielsen et al. 2015), wobei

© Springer Fachmedien Wiesbaden 2016
G. P. Hoffmann, *Führungsherausforderung Mobbing*, essentials,
DOI 10.1007/978-3-658-12877-7_3

sich eindeutige Zusammenhänge zwischen der Dauer und Intensität der Mobbing-Erfahrung belegen lassen (Dehue et al. 2012), oder sogar Suiziden.

Einschränkungen des Wohlbefindens oder Krankheitssymptome haben zwangsläufig eine Auswirkung auf Motivation, Engagement und Arbeits- und Leistungsfähigkeit von betroffenen Personen (Trépanier et al. 2015). Schon erste Symptome wie bspw. Schlafstörungen haben Auswirkungen auf die Konzentrationsfähigkeit. Aber auch dann, wenn die oder der Betroffene im Krankheitsfall aus Sorge vor negativen Auswirkungen, solange wie möglich Präsentismus zeigt, ist nachvollziehbar, dass die Leistungsfähigkeit erheblich eingeschränkt ist. Tatsächlich zeigen sich zusätzliche Verschärfungen: Konzentrationsschwächen führen zu Fehlern, Fehler wiederum führen dazu sich erst recht zu exponieren und angreifbar zu werden. Oftmals ist es nur unter Medikamenteneinsatz überhaupt möglich in die Arbeit zu kommen oder nachts zu schlafen, was über einen längeren Zeitraum betrachtet, leicht zu Abhängigkeiten führen kann.

Bemerkenswert und hochrelevant für Führungskräfte ist aber auch der Befund einer Studie von Maarit A-L. Vartia (2001): so konnte nachgewiesen werden, dass nicht nur die Betroffenen selbst, sondern auch Beobachterinnen und Beobachterin unter Mobbing-Atmosphären leiden, insbesondere was das eigene Stressempfinden angeht. Auch die eingeschätzte Arbeitsplatzsicherheit ist eingeschränkt.

Zeigen sich Arbeitnehmerinnen und Arbeitnehmer aber wenig motiviert und mit geringem Engagement bei der Sache, hat dies zumindest mittelbar Auswirkungen auf die Leistungsfähigkeit des gesamten Unternehmens und den Unternehmenserfolg. Eine Folge, die Gustav Greve (2010) als Organisationales Burnout bezeichnet. Hier spiegeln sich also die Folgen auf individueller Ebene bis auf die Ebene der Organisation wieder.

Betrachtet man die psychosozialen Arbeitsbedingungen, Mobbing und die Folgen volkswirtschaftlich, wird die Reichweite bewusst: Es kommt zu steigenden medizinischen Kosten, Langzeitkrankenständen (Slany et al. 2014), vorzeitigen Ruhestand und allgemein größeren Bedarf an sozialer Unterstützung (bspw. psychosoziale Beratung, …). Es zeigen sich auch Auswirkungen auf den Arbeitsmarkt (und damit volkswirtschaftliche Kosten): so ist die Wahrscheinlichkeit für Langzeitarbeitslosigkeit, durch die Einschränkungen auf der Ebene der Gesundheit oder auch des Selbstwertes und der folglich beeinträchtigten *Employability*, höher. Ja selbst Kosten für Prozesse am Arbeitsgericht lassen sich mittelbar auf Mobbing zurückführen (Samnani und Singh 2012).

Ich verzichte hier bewusst auf Zahlen zu den Kosten, da sich einschlägige Studien ohnehin nur auf Schätzungen stützen können, sowie unterschiedliche Sozialsysteme natürlich erheblich Einfluss auf die Ergebnisse haben, aber ich denke es ist deutlich geworden, welche individuellen, unternehmerischen und volkswirtschaftlichen Folgen Mobbing hat.

3.2 Resilienz

Führungskräften und Unternehmen muss in Anbetracht dieser Tatsachen daran gelegen sein, durch Kulturentwicklung im Unternehmen Mobbing vorzubeugen, und damit einen wesentlichen Beitrag zur Förderung von Resilienz, sowohl auf personaler als auch organisationaler Ebene zu leisten. Aber was ist Resilienz überhaupt?

▶ **Resilienz** Resilienz lässt sich als psychische Anpassungsfähigkeit verstehen, die es ermöglicht auch schwierige, problematische und prekäre Lebenssituation zu bewältigen, und darüber hinausgehend zur persönlichen Weiterentwicklung zu nutzen.

Resilienz ist nicht einfach als persönliche Eigenschaft vorhanden, sondern das individuelle, hochkomplexe Ergebnis des Zusammenwirkens unterschiedlicher Faktoren und Prozesse, Bewältigungs- und Selbstwirksamkeitserlebnisse, sowie schützender und unterstützender Prozesse und Ressourcen. Resilienz kann also gelernt werden. Jede Bewältigungserfahrung steht dann in Folge ihrerseits als Schutzfaktor zur Verfügung.[1]

Resilienz sichert also die Person, das Subjekt gegen Krisen ab, die individuellen Bewältigungsmöglichkeiten übersteigen, Ressourcen zur Neige gehen und insgesamt dynamische (Selbst-)Regulationsprozesse erheblich einschränken und zur Labilisierung der Person führen können.

Das Konzept der Resilienz lässt sich aber auch auf Gruppen und Organisationen übertragen und wird dann organisationale oder unternehmerische Resilienz bezeichnet. Auch *soziale Systeme* können mit Ereignissen konfrontiert werden, die labilisieren, wo vorhandene Ressourcen nicht mehr ausreichen und Bewältigungserfahrungen, also gute Praxen der Vergangenheit nicht mehr greifen. Zu berücksichtigen sind dabei aber immer mehrere Ebenen der organisationalen Wirklichkeit, nämlich die Ebene der Organisation und ihre Einbettung in einen spezifischen Kontext, inkl. der wirkenden Kultur, die Ebene der zwischenmenschlichen Beziehungen und die Ebene der Individuen.

▶ **Organisationale Resilienz** Unter Organisationaler Resilienz ist das komplexe Ergebnis aus dem Zusammenwirken von Ressourcen, Kompetenzen und Performanzen individueller, intersubjektiver und organisationaler Art zu verstehen, in dessen Folge in Interaktion mit der Umwelt fortlaufend differentielle Resilienzen

---

[1] Genauere Ausführungen zur Entwicklung von Resilienz finden sich beispielsweise bei Klaus Fröhlich-Gildhoff und Maike Rönnau-Böse (2014), Hoffmann (2016) oder Lotti Müller und Hilarion G. Petzold (2003).

gegenüber spezifischen, die organisationale Identität gefährdenden, Ereignissen oder dauerhaft bestehenden ungünstigen Umweltbedingungen ausgebildet werden und so durch angemessene Situationsanpassung den dauerhaften Bestand einer Organisation oder eine Organisationseinheit als soziales System absichern und darüber hinaus dessen Weiterentwicklung ermöglichen (Hoffmann 2016).

Wenn ich also von resilienzfördernder Führung spreche, bezieht sich dies immer auf dieses Verständnis organisationaler Resilienz, da die Führungskraft immer auch als Funktionsträger der Organisation wirksam ist – es geht eben *nicht nur* darum, seine Mitarbeiterinnen und Mitarbeiter möglichst gesund zu erhalten, oder gar die Verantwortung für die Entwicklung der jeweiligen individuellen Resilienz zu übernehmen, sondern immer auch die Ebene der Gruppe und der Organisation im Blick zu haben. Führungskräfte sollen nicht als Beraterinnen und Berater oder als Psychotherapeutin oder Psychotherapeuten für ihre Mitarbeiterinnen und Mitarbeiter, sondern nicht mehr und nicht weniger *als Führungskraft wirksam* sein.

3.3 Prävention

Wie praktisch in jedem Fall, wenn es um gesundheitsbezogene Themen geht, ist Prävention auch bei Mobbing, die insgesamt sinnvollste und kostengünstigste Strategie[2], wobei in Anlehnung an die workplace-environment-hypothese vor allem organisationale Maßnahmen zu nennen sind.

3.3.1 Kulturentwicklung

Wie gezeigt wurde, sind zentrale Bedingungsfaktoren für das Entstehen von Mobbing auf der Ebene der Organisationskultur angesiedelt. Mobbing-Prävention ist folglich als betriebliches Führungskonzept und als Kulturentwicklungsprogramm zu verstehen. Dieser Kulturentwicklungsprozess, muss natürlich immer auch mit der Gesamtstrategie des Unternehmens im Einklang stehen, um erfolgreich sein zu können. Ziel dieses Prozesses muss es sein, ein breites Verständnis zu erreichen, dass Vielfalt und Andersartigkeit, dass angemessen bewältigte Konflikte, dass soziale Beziehungen zentrale Ressourcen jedes Unternehmens sind.

---

[2] Detailliertere Ausführungen zu Präventionsmaßnahmen finden sich bspw. auch bei Ihno Schild und Andrea Heeren (2003) oder Katja Merk (2014).

Die Erfahrung aus der Organisationsberatung und -entwicklung zeigt, dass Change-Projekte häufig auf der Ebene von Strukturen und Prozessen bleiben. Eine reflexiv-diskursive Auseinandersetzung mit dem *Erfolgsfaktor Unternehmenskultur* kommt dabei häufig zu kurz oder wird in Arbeitsgruppen zur Leitbildentwicklung ‚geparkt'. Nur wenn es gelingt, die „Lust auf Zukunft" (Rawolle und Kehr 2012) zu wecken, ist auch auf der Ebene der Werte und Normen für soziale Beziehungen eine Veränderung zu erreichen oder die Qualität funktionierender, tragfähiger Beziehung zu bewahren – insbesondere in Marktumfeldern, die von hohem Konkurrenzdruck und Turbulenzen geprägt sind. Der Wert des Sozialen muss dem des ökonomischen Kapitals gleichwertig sein (vgl. Kapitalsorten Soziales Kapital und Kulturelles Kapital, Bourdieu 2005).

Kritisch ist natürlich auch auf mögliche Schattenseiten einer starken Kultur hinzuweisen: Organisationskulturen können eine Tendenz zur Abschließung entwickeln. Daher können Aspekte, die zur herrschenden Kultur in Widerspruch stehen, leicht übersehen und aktiv zurück gedrängt werden. Es kommt zu Abwertung anderer oder neuer Orientierungen und zur Verhinderung von Entwicklung. Starke Kulturen tendieren eher dazu Konformität zu erzwingen (Hoffmann 2008) und dabei wird „Kritik wird auf subtile Weise für illegitim erklärt" (Schreyögg 2008, S. 388). Kulturentwicklung muss folglich notwendigerweise reflexiv-diskursiv unter Berücksichtigung von ethischen Überlegungen sein (bspw. Ertureten et al. 2013; Pilch und Turska 2015).

3.3.2 Führungsarbeit

Die tatsächliche Umsetzung der Werte und der Organisationskultur ist die konkrete Führungsarbeit. Führungskräfte sind also Kulturträger, die Kultur vermitteln und gleichzeitig gestalten. Führung wirkt damit sowohl auf organisationaler, als auch auf gruppaler und personaler Ebene.

Wie oben deutlich wurde, sind die Befunde relativ eindeutig, dass die Kombination aus Elementen transformationaler und transaktionaler Führung, ergänzt durch jene der authentischen Führung präventiv gegen Mobbing wirken. Es ist davon auszugehen, dass damit auch resilienzfördernde Führung erreicht wird, da die konstituierenden Faktoren positive Zukunftsorientierung, Selbstwirksamkeits- und Bewältigungserfahrungen berücksichtigt und sogar gezielt bedient werden (Hoffmann 2016).

Dieses Führungsverhalten lässt sich mit folgenden Qualitäten und Haltungen beschreiben:

- *Führungskräfte sind Vorbilder* Führungskräfte leben, was sie sagen, geben dadurch Orientierung und ermöglichen eine Identifizierung der Mitarbeiterinnen und Mitarbeitern mit den Werten und Zielen der Organisation. Dahinter stehen Vertrauen, Verlässlichkeit und ethisch-moralische Integrität.
- *Führungskräfte motivieren und fordern heraus, ohne zu überfordern* Ziele werden so gesetzt, dass sie anspruchsvoll sind, die Mitarbeiterinnen und Mitarbeiter herausgefordert, aber nicht überfordert werden. Gleichzeitig müssen Führungskräfte Zuversicht, Optimismus und eine positive Zukunftsorientierung aufweisen, um so positiv auf den ‚Teamgeist' zu wirken.
- *Führungskräfte unterstützen kritische Überlegungen* Die Mitarbeiterinnen und Mitarbeiter werden aufgefordert, unterstützt, ermutigt und belohnt, eigene Gedanken, Problemlösungen und Verbesserungsvorschläge einzubringen. Es entsteht eine Selbstwirksamkeitsüberzeugung die Grundlage für Innovation und Kreativität und im Kontext von Mobbing besonders wichtig, ein Bewusstsein darüber, dass nur im Zusammenwirken und der kritischen Auseinandersetzung nachhaltig Erfolg gesichert ist.
- *Führungskräfte unterstützen Entwicklungen* Mitarbeiterführung ist immer auch gezielte und individuelle Förderung. Voraussetzung dafür ist es die Mitarbeiterinnen und Mitarbeiter gut zu kennen, mit ihren Potenzialen und Kompetenzen, aber auch mir ihren individuellen Grenzen.
- *Führungskräfte sind konsequent und verbindlich* Werte, die vermittelt werden, und Ziele, die gesetzt werden, die Erfüllung von Aufgaben, aber auch Konsequenzen bei Nichterfüllung, sind für alle verbindlich. Die Führungskraft zeigt dabei engagierte Präsenz und überprüft die Vereinbarungen und Zielerreichung. Verstöße werden zeitnah und klar und direkt kommuniziert und gegebenenfalls sanktioniert.

Führung wird dabei gelegentlich als Autorität im Sinne von Dominanz und Machtausübung (Elleser 2015) verstanden. Davon grenze ich mich explizit ab, sondern verstehe Führung als gelebte, engagierte und sichtbare *autoritative Führungsarbeit*.

Dieses Führungsverständnis basiert auf einem positiven Menschenbild und zeigt ein Führungsverhalten, das respektvoll, integer, engagiert, vertrauensvoll und zugewandt, aber auch klar, konsequent, präzise, verantwortungsvoll ist und begeistert. Eine engagierte Führung, die für Klarheit und einen Orientierungsrahmen sorgt, die Vorbild ist, Orientierung, Ziele und Sinn anbietet, die vertrauens- und respektvoll in Beziehung investiert und damit ein Atmosphäre schafft, in der Kritik und Innovation angstfrei Platz haben kann. Fehler und Probleme können als Möglichkeit gesehen werden, sich weiter zu entwickeln und werden lösungsorientiert bearbeitet. Die Potenziale jeder und jedes Einzelnen werden im Sinne einer fundierten Kollegialität (Petzold 2007) genützt. Ebenso gehört aber auch dazu Grenzen zu setzen, Unerwünschtes klar und deutlich anzusprechen und verbindlich, konsequent (und nicht hart) auf ihre Einhaltung zu achten und so persönliche Integrität und Souveränität zu bewahren (Gebhardt und Petzold 2011). Nur unter Berücksichtigung dieser Führungsqualitäten kann auch eine verbindliche leistungs- und personenorientierte Kultur entwickelt werden.

Konkret ist also darauf zu achten, schon kleine Verletzungen der erwünschten Kultur zeitnah und angemessen anzusprechen, konkret zu benennen und darauf hinzuweisen, was die konkreten Erwartungen der Führungskraft sind. Die von Marshall B. Rosenberg (2012) vorgeschlagene ‚gewaltfreie Kommunikation' ist dazu ein geeignetes Praxismodell.

Das klare Ansprechen von Verletzungen von festgelegten Werten (bspw. Verletzung der persönlichen Souveränität) und dessen angemessene Sanktionierung ist ein Beitrag zur Kulturentwicklung. Nochmals: Es geht nicht um autoritäre Machtdemonstration, sondern Herstellung eines verbindlichen sozialen Rahmens, der seinerseits bereits präventiv wirkt.[3] Das ist aber zeitgleich auch als Intervention zu betrachten – unabhängig ob es sich um einen Konflikt, Mobbing oder einfach nur eine ‚geschmacklose Blödelei' handelt.

In einem grundsätzlich wertschätzend-respektvollen Arbeitsklima, ist als Sanktion oft ausreichend klar und deutlich anzusprechen, dass „dieses Verhalten hier nicht geduldet wird". Noch wichtiger ist es aber, die Erwartungen an Mitarbeiterinnen und Mitarbeiter zur formulieren - nur das schafft verlässliche Orientierung. Oftmals wird sogar schon in dieser ersten Interventionssequenz deutlich, dass die zugrundeliegende Dynamik tatsächlich eher einem kommunikativen Skript entspricht oder aber ein relativ einfach zu lösender Konflikt zugrunde liegt, sofern er angesprochen und damit überhaupt bearbeitbar wird. Es empfiehlt sich sehr, die Verbindlichkeit zu sichern, in dem bspw. ein Zeitraum vereinbart wird, nach dem man den Prozess nochmals gemeinsam reflektiert – evtl. auch durch Verfassen eines schriftlichen Protokolls.

3.3.3 Strukturelle Angebote

Ergänzend zu den kulturprägenden Aspekten, lassen sich einige Präventionsmaßnahmen aber auch in konkrete Strukturen gießen.

---

[3] In diesem Zusammenhang lässt sich auf die sogenannte broken windows theory verweisen. Kernaussage der Theorie ist, dass brüchige soziale Rahmenbedingung dazu führen, dass sie weiter untergraben werden und im Gegensatz dazu, die konsequente Ahndung auch kleiner Vergehen stabilisierend wirkt (vgl. Kelling und Coles 1996; Wilson und Kelling 1982).

So ist es mobbingpräventiv sehr wirksam, bereits früh erste Symptome wie Überforderung oder Be- und Überlastung zu erkennen – ohne damit zu beschämen und persönliches Scheitern zu unterstellen. Da diese Themen in der Regel sehr heikel sind, werden sie nur angesprochen, wenn die Beziehungsqualität zwischen Führungskraft und Mitarbeiterinnen und Mitarbeiter tragfähig ist. Als besonders geeignet und damit auch resilienzfördernd haben sich vorbereitete, strukturierte und regelmäßige Gespräche erwiesen, die ganz bewusst Gesundheit, Wohlbefinden und Motivation gleichwertig neben der Arbeitsleistung berücksichtigten (Gratz et al. 2014). Die Verantwortung Belastungen anzusprechen, bleibt dabei immer bei den Mitarbeiterinnen und Mitarbeitern, zur Verantwortung der Führungskraft aber wird es, wenn sich jemand öffnet.

Andere einfache Präventionsmaßnahmen sind auch Informations- und Schulungsprogramme zur Bewusstseinsbildung. Die Mitarbeiterinnen und Mitarbeiter werden dabei – ohne Anlassfall – über Mobbing, Erscheinungsformen und die Folgen informiert. Ziel ist es ein Bewusstsein zu schaffen, sowie auf die Mitverantwortung für Kulturprozesse hinzuweisen.

Aufwändiger sind die Formulierung einer Anti-Mobbing-Betriebsvereinbarung oder die Definition von Standardprozessen beim Verdacht auf Mobbing. Maßnahmen, die noch ohne aktuellen Anlass und im Idealfall unter Partizipation von allen Organisationsebenen entworfen wurden, sorgen für ein hohes Commitment, sind nachhaltig und kulturwirksam. Wenn es tatsächlich zu einem Anlassfall kommt, entlasten sie alle Beteiligten erheblich, weil jeder weiß was zu tun ist bzw. was die nächsten Schritte sind. Das sorgt für die Reduktion von Angst und Unsicherheit durch Orientierung. Effekte, die gerade in Mobbing-Prozessen oder organisationalen Krisen erwünscht und notwendig sind.

Einige Betriebe haben auch internen „Mobbing-Beauftragte" benannt, was in großen Unternehmen durchaus sinnvoll sein kann, aber ansonsten auch gut über die Personalvertretung oder den Betriebsrat abgedeckt werden kann, sofern dort Kompetenzen und Ressourcen zur lösungsorientierten Unterstützung gegeben sind.

Selbstverständlich sind auch begleitende, die Reflexion der Arbeitsbedingungen unterstützende Maßnahmen wie Coaching oder Supervision wertvolle Formate, um präventiv aktiv zu sein (Waibel und Petzold 2007).

3.4　Deeskalation und Wiederherstellung der Arbeitsfähigkeit

Es gibt aufgrund der kontextabhängigen Spezifik von Mobbing-Prozessen kein allgemein gültiges Rezept, um bei Mobbing-Prozessen adäquat intervenieren zu können. Die hier dargestellten Schritte sind lediglich als eine Orientierung zu verstehen, die im konkreten Einzelfall entsprechend angepasst werden müssen. Dennoch sollten die angesprochenen definierten Prozesse, diese grundsätzlichen Schritte unter Berücksichtigung der gegebenen Organisationskultur abbilden.

3.4.1 Diagnose

Zunächst braucht es eine entsprechende Diagnose des Geschehens, wobei das schwierigste dabei ganz am Anfang steht: die Führungskraft muss (möglichst früh) erkennen, dass es sich um Mobbing handelt oder handeln könnte! Das Problem ist häufig, dass Mobbing sehr subtil erfolgt, es eben nicht zu sichtbaren Übergriffen, Schreiduellen oder Handgreiflichkeiten kommt, sondern die Wirkung kleiner, unauffälliger Handlungen, und von außen betrachtet, unspezifischen Verhaltens erst in einer Gesamtzusammenschau und rückblickend erkannt werden kann. Auch Mobbing-Betroffenen selbst ist oft rückwirkend nicht bewusst, was der Anfang des Mobbing-Geschehens war, sondern nur, dass es sich schleichend ergeben hat (Knorz und Zapf 1996).

Unter Bezugnahme auf die Folgen von Mobbing auf individueller Ebene ergeben sich allerdings Hinweise, worauf eine Führungskraft achten kann und soll. Ich empfehle dazu ein zweistufiges Herangehen, das zunächst mit reflexionsleitenden Fragestellungen beginnt[4]:

- Worin zeigt sich die Tragfähigkeit der sozialen Beziehungen in der Gruppe?
- Woran zeigt sich, dass prototypischen kommunikativen Rollen (Beweger, Gegner, Unterstützer und Beobachter) dynamisch innerhalb der Gruppe wechseln?
- Wie beschreibt sich die Gruppe selbst?
- Wie wird die Gruppe von Außenstehenden (bspw. Kolleginnen oder Kollegen der Führungskraft, Kundinnen und Kunden, Geschäftspartnerinnen und -partner, …) beschrieben?
- Welche klimatischen oder atmosphärischen Veränderungen gab es in den letzten Wochen?
- Wie geht die Gruppe mit unterschiedlichen Meinungen und Positionen um?

Diese Fragen geben vorerst noch keine konkreten Antworten darauf, ob es Mobbing gibt, sondern dienen dazu sich auf Basis wahrnehmbarer und interpretierter

---

[4] Die vorgestellten Fragen beider Schritte erheben nicht den Anspruch auf Vollständigkeit. Je nach Umfeld, Geschichte, Kultur, Tätigkeit – also kurz dem Kontext – kann und wird es andere oder zusätzliche sinnvolle Fragen geben.

(Oberflächen-)Phänomene der Kultur anzunähern und ermöglichen so ein Gefühl dafür zu entwickeln, worauf die Führungskraft genauer achten sollte. Es geht hier also noch nicht um eine Erhebung von konkreten Fakten, sondern viel stärker um Qualitäten, Eindrücke und das Bemerken von Veränderungen in Nuancen.

Die aufmerksame, präsente Führungskraft wird keinerlei Probleme haben, diese Fragen ad-hoc zu beantworten, ist allerdings aufgefordert darauf zu achten, ob die Einschätzung tatsächlich auf wahrnehmbaren Phänomenen beruht, oder in Folge einer (idealisierenden oder uninteressierten oder gewohnheitsmäßigen) Bequemlichkeit stammt.

Es kann sehr sinnvoll sein – insbesondere, wenn die Auseinandersetzung mit Fragen dieser Art schwer fällt oder ungewohnt ist, sich einen Reflexionspartner zu suchen. Das können Kolleginnen und Kollegen mit Führungsverantwortung sein, dass kann aber auch ein Coach sein. Es geht hier vor allem um den kritischen und frischen Blick von außen, der bei der Reflexion sehr hilfreich sein kann.

In einem zweiten Schritt geht es um die Konkretisierung der Phänomene, um hard facts. Es empfiehlt sich hier tatsächlich Fragen zu stellen, die mit Ja oder Nein zu beantworten sind, wie zum Beispiel:

- Gibt es Einzelne, die Meinungsführerschaft haben oder beanspruchen?
- Gibt es unterbrochene kommunikative Linien zwischen Einzelnen oder von Einzelnen zur Führungskraft?
- Gibt es Veränderungen in der Arbeitsleistung oder der Fehlerhäufigkeit bei Einzelnen?
- Gibt es häufigere Kurzkrankenstände oder Klagen über beeinträchtigtes Wohlbefinden (z. B. Unwohlsein, Schlafstörungen, Schwindel, Kopfschmerzen, …)?
- Gibt es oder gab es destabilisierende Ereignisse?

Sollte nur eine Frage mit Ja beantwortet werden können und mit konkreten Wahrnehmungen beschreibbar sein, könnte Mobbing und nicht mehr ‚nur' ein Konflikt vorliegen.

Verdichten sich die Indizien, und erhärtet sich der Verdacht, dass es einen schwelenden, ungelösten Konflikt, oder bereits manifestes Mobbing gibt, sind in Anlehnung an Glasl (2002, S. 95 ff.) folgende Dimensionen zur Vertiefung der Analyse bedeutsam:

- *Wer sind die Parteien?*
  Unter Parteien sind die Betroffenen *und* Beteiligten zu verstehen, es kann sich dabei um Individuen aber auch Gruppen handeln.

- *Welche Positionen und Beziehungen gibt es?*
  In welcher (sowohl formell als auch informell) Beziehung stehen die Parteien zueinander, welche Rollenkonstellationen gibt es? Wer sind die Handelnden Personen, wer sind Mitläufer oder Beobachter, zeigen sich spezifische Rollenmuster, zeigen sich Solidarisierung und Abgrenzung gegenüber anderen Personen oder Subgruppen? Wie reif ist die Gruppe und wie sind ihre Selbstwirksamkeits- und Bewältigungserfahrungen mit Konflikten?
- *Um welche Themen (Issues) geht es?*
  Unter Issues versteht Glasl die eingebrachten Konfliktpunkte oder Streitgegenstände. Je nachdem wie hocheskaliert der Konflikt bereits ist, zeigt sich hier, ob es noch um die Sache geht, oder bereits die emotionale Ladung überwiegt.
- *Wie zeigt sich der Verlauf der Dynamik?*
  Welche Geschichte des Entstehens erzählen die Kontrahenten, wie stark unterscheiden sich die Geschichten, wo gibt es Übereinstimmungen? Zeigen sich Veränderungen in der Intensität der Auseinandersetzung? Was wurde schon alles versucht, um eine Klärung zu erreichen?
- *Welche Grundeinstellungen zeigen sich?*
  Betrachten die Parteien den Konflikt als selbst lösbar oder ist es bereits so verfahren, dass die Selbstwirksamkeitserwartung sehr gering ist? Achtung – hier gibt es eine wesentliche Falle: Mobbing ist ein Machtungleichgewicht und eine Ressourcenverschiebung inhärent – sodass die überlegene Partei, die im Prozess über Macht und Ressourcen verfügt, immer davon ausgeht, dass die Auseinandersetzung selbst lösbar ist – pointiert zusammengefasst betreibt sie mit dem Mobbing-Verhalten die Lösung bereits und hat damit Erfolge!
- *Liegt ‚typisches‘ Mobbing-Verhalten vor?*
  Gibt es wie von Leymann beschrieben Angriffe auf die Möglichkeiten, sich mitzuteilen, auf soziale Beziehungen, auf das soziale Ansehen, auf die Qualität der Berufs- und Lebenssituation oder auf die Gesundheit? Gibt es sogar Hinweise darauf, dass ‚typische‘ gezielte Mobbing-Handlungen gezeigt werden?

Aufgrund der häufig gegebenen Subtilität von Mobbing ist die tatsächliche Faktenlage meist relativ dürftig, daher braucht es einiges an Erfahrung, um den nächsten Schritt, nämlich die Abwägung ob es sich noch um einen Konflikt, oder bereits um Mobbing handelt, vollziehen zu können. Hier empfiehlt sich ein Coaching mit jemandem, der die Beratung von Mobbing-Betroffenen und Unternehmen in ihrem oder seinem Angebots-Portfolio hat.

3.4.2 Intervention

Zunächst ist es ist mir wichtig, auf einen schmalen Grat hinzuweisen: Im Sinne der Ausbildung von Resilienz, für die Bewältigungs- und Selbstwirksamkeitserfahrungen zentrale Bedeutung haben, ist es notwendig, dass auch Gruppen selbst lernen Konflikte zu lösen. Auch ist die Nachhaltigkeit von Konfliktlösungen besser, wenn sie von den Beteiligten selbst entwickelt wurden, daher sollte die Führungskraft möglichst zurückhaltend und nicht ihrerseits konfliktforcierend agieren. Allerdings stellt die Delegation in die Verantwortung der Gruppe auch ein gewisses Risiko dar, insbesondere wenn eine Mobbing-Dynamik fälschlicherweise ‚nur' als Konflikt eingeschätzt wurde. Am deutlichsten wird das bei einem laissez-faire-Führungsstil, der – wie wir wissen – hinsichtlich Mobbing, die ungünstigsten Prognosen hat.

Sollte es auf Seiten der Betroffenen oder des Betroffenen große Ängste vor einer Auseinandersetzung geben oder gar als weitere Eskalation oder Forcierung des Konfliktes empfunden werden, ist dies als Hinweis zu werten, dass die Intensität sehr hoch ist und empfiehlt sich jedenfalls eine kurativ-deeskalierende Strategie (Glasl 2002), die allerdings definitiv Sache eines Profis ist und nicht durch die Führungskraft erfolgen sollte.

Die Entscheidung der Führungskraft, die Konfliktlösung in die Gruppe zu delegieren, selbst moderierend aktiv zu werden, oder von einer externen Beraterin oder einem Berater begleiten zu lassen, ist also höchst verantwortungsvoll zu treffen.

Eine hilfreiche Entscheidungshilfe ist es, sich den situativen Reifegrad (Blanchard et al. 2013) der Gruppe zu vergegenwärtigen. Allerdings geht es im Kontext von Mobbing nicht mehr um die Frage der Partizipation oder Delegation an Entscheidungen, sondern um die Übernahme der Führungsverantwortung und ein gelebtes, sichtbares und authentisches Führungsengagement. Es sind daher zusätzliche Dimensionen zu berücksichtigen: nämlich die emotionale Ladung, die Intensität der Dynamik, die Verwicklung der Führungskraft selbst, und zu guter Letzt die vorhandenen Kompetenzen und Ressourcen.

Welche Möglichkeiten gibt es nun aktiv mit Mobbing-Dynamiken umzugehen?

- *Schlichtungsversuche durch Führungskraft*
  Wie oben schon mehrfach gezeigt, ist das unmittelbar Ansprechen von Grenzverletzungen, sowohl kulturwirksam, stellt aber auch eine Intervention dar. Allerdings zeigt sich immer wieder, dass dieses Ansprechen auch kontraproduktiv wirken kann, die Dynamik noch anheizt und in der Folge die oder der Betroffene noch weitere oder andere, subtilerer, intensivere Angriffe erleiden muss. Wenn diese Entwicklung befürchtet wird oder sich zeigt, dass das Ansprechen nicht ausreichend wirksam war, um die Dynamik zu beenden, braucht es einen konkreten Schlichtungsversuch.

Voraussetzung für das Gelingen eines solchen Schlichtungsversuchs sind einerseits tragfähige Beziehungen und die damit vorhandene personale Macht (siehe oben), zum anderen aber auch die Stoßrichtung der Vermittlung: es muss vordringlich darum gehen, die Machtverhältnisse zwischen den Kontrahenten wieder auszugleichen. Dies setzt aber voraus, dass die oder Betroffene sich selbst noch gut in der Lage fühlt für sich einzutreten und das Vorgehen nicht als Konfliktforcierung oder weitere Eskalation erlebt.

Erfolgskritisch ist es auch, ob es gelingt den ‚Mobber' mit an Bord zu haben und eine einsichtige Verhaltensänderung zu erreichen – dazu wird es oft notwendig sein, die Hintergründe des Entstehens zu eruieren und daraus gezielte Vereinbarungen und Vorgehensweisen zu entwickeln.

Die Führungskraft wird aber weiter gefordert sein, das soziale Geschehen aufmerksam zu beobachten. Gerade deshalb ist die Vereinbarung eines Beobachtungszeitraums, mit einem weiteren Reflexionsgespräch sinnvoll und sollte zusätzlich zu getroffenen Vereinbarungen oder anderen Ergebnissen auch in Form eines Protokolls, das alle am Gespräch beteiligten mit Unterschrift zur Kenntnis nehmen, festgehalten werden. Die Sinnhaftigkeit und Wirkung eines solchen Protokolls hängt natürlich stark von der Intensität, dem allgemeinen Arbeitsklima oder den Ergebnissen ab. Die verschriftliche Sicherung des Ergebnisses und damit die Herstellung von Verbindlichkeit ist ein sehr machtvolles Instrument, das gezielt eingesetzt werden soll, um nicht einerseits mit „Kanonen auf Spatzen zu schießen", noch es abzustumpfen, indem es bei jeder Kleinigkeit eingesetzt wird. Es braucht also auch in diesem Zusammenhang ein enormes Fingerspitzengefühl der Führungskraft, um einzuschätzen zu können, ob das Instrument sinnvoll einzusetzen ist.

Um auch gruppal und organisationskulturell wirksam zu werden (vgl. Judge und Bachmann 2013; Wittig und Boesch 2010) und soziales Lernen zu fördern kann es hilfreich sein, auch (vermeintlich) Unbeteiligten, ohne die Details der Auseinandersetzung neuerlich auszubreiten, deutlich zu signalisieren, wie an einer Konfliktlösung und -klärung gearbeitet wurde, bzw. einen sichtbaren Abschluss zu gestalten.

- *Schlichtungsversuche durch externe Beraterinnen oder Berater*
  Im Falle von Konflikten auf unterschiedlichsten Ebenen hat sich Mediation als Format äußerst bewährt. Dazu werden in einem definierten Prozess die unterschiedlichen Sichtweisen der Betroffenen und Beteiligten zusammengetragen, und auf Basis der Lockerung von verhärteten subjektiven Deutungen nach gemeinsamen Lösungen gesucht.
  Gerade dann, wenn die Führungskraft selbst in die Dynamik verstrickt ist – und das wird in den meisten Fällen der Fall sein – ist Mediation auch bei Mobbing

ein sehr geeignetes Mittel. Voraussetzung ist auch hier, dass die Betroffene oder der Betroffene dieses Vorgehen nicht als weitere Konflikteskalation erlebt. Mediationsprozesse sind in der Regel aufwändiger als Schlichtungsversuche durch Führungskräfte, aber ein sehr wirksames Mittel um tragfähige Vereinbarungen zu treffen.

Es kann notwendig sein, dass es daüberhinausgehende fortlaufende Begleitung durch externe Beraterinnen oder Berater gibt – als Beispiele wären hier Coachings (des ‚Bullys' und/oder der Betroffenen oder des Betroffenen), wenn sich zeigt, dass persönliche Muster eine zentrale Rolle spielen, Supervision für die Gruppe und das Team, als eine die Kulturentwicklung begleitende Maßnahme, oder auch Coaching der Führungskraft, wenn sich herausstellt, dass es Unsicherheiten im Führungsverhalten gibt oder es auch Mitbedingungen für die entstandene Dynamik war.

- *Sanktionsmaßnahmen*
  Der Arbeitgeber hat gegenüber seinen Mitarbeiterinnen und Mitarbeitern eine Fürsorgepflicht, sodass er schädigende Bedingungen verändern muss. Sollten die vorangestellten Interventionen nicht greifen, oder die Intensität der Dynamik ein Niveau erreicht haben, das keinen weitere zeitliche Verzögerung mehr erlaubt, sind daher auch (arbeitsrechtliche) disziplinierende Sanktionsmaßnahmen denkbar, die darauf abzielen, das Verhalten zu verhindern (Ermahnungen oder Verwarnungen), die Kontrahenten zu trennen (Versetzung) und bis hin zu Kündigungen oder Entlassungen reichen können. Diese können, wenn es zu arbeitsrechtlichen Auseinandersetzungen kommt, allerdings sehr heikel sein, sodass hier sinnvollerweise auch juristische Beratung zugezogen wird.
  Zu bedenken ist auch, dass diese Maßnahmen in der Regel eine Eskalation darstellen und sich die Dynamik im sogenannten Dramadreieck, als eine „Verfolger – Opfer – Retter – Dynamik" (Karpman 1968) weiter beschleunigt. Diese Maßnahmen sind tatsächlich so etwas wie das letzte Mittel, sollte nicht im Vorfeld eine Entspannung und Lösung gefunden werden.

Zusammenfassend kann festgehalten werden, dass die proaktive Gestaltung von Präventions- und Interventionsprozessen, die (Wieder-)Auftretenswahrscheinlichkeit deutlich senkt – sofern die Führungskraft weiß was sie tut, die Kultur eine grundsätzlich wertschätzende, vertrauensvolle ist und alle Beteiligten mit eingebunden werden können und in der weiteren Folge auch engagiert daran gearbeitet wird, um von der Demotivation, die als Begleitsymptom von Mobbing auftritt, wieder Motivation zu initiieren (Küpers 2008).

Zusammenfassung 4

Wie gezeigt wurde, handelt es sich bei Mobbing um ein systemisches Phänomen, bei der der Organisationskultur eine zentrale Rolle zukommt. Im Sinne der Prävention ist die Bedeutung der Kulturarbeit und -entwicklung gar nicht hoch genug einzuschätzen: sie gibt Orientierung, definiert Grenzen, unterscheidet zwischen erwünschtem und unerwünschten Verhalten und impliziert bereits angemessenes Vorgehen.

Die Führungskraft – als Kulturträger aber auch formender Einfluss auf die Kultur – hat dabei eine tragende Rolle, die definierten Werte eines gut zwischen Lösungs- und Ergebnis- auf der einen Seite bzw. Personen- und Prozessorientierung auf der anderen ausbalancierten Führungskonzeptes mit ihrer konkreten Führungsarbeit zu transportieren.

Führung ist keine einfache Sache – insbesondere nicht in Konflikt- und Mobbing-Situationen, umso mehr ist die Führungskraft gefordert ihr Führungsverhalten und handlungsleitende Werte laufend zu reflektieren und so beständig am wichtigsten Werkzeug einer Führungskraft zu arbeiten: der eigenen Person.

© Springer Fachmedien Wiesbaden 2016
G. P. Hoffmann, *Führungsherausforderung Mobbing*, essentials,
DOI 10.1007/978-3-658-12877-7_4

Was Sie aus dem Essential mitnehmen können

- Mobbing ist ein prozesshaftes Geschehen in einem sozialen System, das geprägt ist durch Interaktionsverhalten, das darauf abzielt, die Betroffene oder den Betroffenen in eine unterlegene Position zu bringen.
- Resilienz wird als psychische Anpassungsfähigkeit beschrieben, die es ermöglicht auch schwierige, problematische und prekäre Lebenssituation zu bewältigen, und darüber hinausgehend zur persönlichen Weiterentwicklung zu nutzen.
- Organisationaler Resilienz zeigt sich angemessene Situationsanpassung und sichert den dauerhaften Bestand einer Organisation oder einer Organisationseinheit und ermöglicht darüber hinaus dessen Weiterentwicklung.
- Resilienzfördernde Führung fokussiert auf die individuelle Ebene, die intersubjektive Ebene und die organisationale Ebene ab und wirkt präventiv aber auch kurativ in Mobbing-Situationen.
- Die beste Intervention gegen Mobbing ist die Prävention.

© Springer Fachmedien Wiesbaden 2016
G. P. Hoffmann, *Führungsherausforderung Mobbing*, essentials,
DOI 10.1007/978-3-658-12877-7

Literatur

Adams, Andrea. 1992. *Bullying at work: How to confront and overcome it*. London: Virago.

Arenas, Alicia, José-Maria Leon-Perez, Lourdes Munduate, und Francisco J. Medina. 2015. Workplace bullying and interpersonal conflicts: The moderation effect of supervisor's power. *Revista De Psicologia Social* 30:295–322.

Avolio, Bruce J., Bernard M. Bass, und Dong I. Jung. 1999. Re-examining the components of transformational and transactional leadership using the Multifactor Leadership Questionnaire. *Journal of Occupational and Organizational Psychology* 72:441–462.

Baillien, Elfi, Katalien Bollen, Martin Euwema, und Hans De Witte. 2014. Conflicts and conflict management styles as precursors of workplace bullying: A two-wave longitudinal study. *European Journal of Work and Organizational Psychology* 23:511–524.

Berne, Eric. 2002. *Spiele der Erwachsenen. Psychologie der menschlichen Beziehungen*. Reinbek bei Hamburg: Rowohlt Verlag.

Bilz, Rudolf. 1971. Menschliche Anstoßaggressivität (Mobbing). *Deutsches Ärzteblatt* 68:237–241.

Blanchard, Kenneth H., Paul Hersey, und Dewey E. Johnson. 2013. *Management of organizational behavior leading human resources*. New Jersey: Prentice-Hall.

Bonafons, Claire, Louis Jehel, und Alain Coroller-Béquet. 2009. Specificity of the links between workplace harassment and PTSD: Primary results using court decisions, a pilot study in France. *International Archives of Occupational and Environmental Health* 82:663–668.

Bourdieu, Pierre. 2005. *Die verborgenen Mechanismen der Macht*. Hamburg: VSA-Verlag.

Brodsky, Caroll M. 1976. *The harassed worker*. Lexington: Lexington Books.

Cemaloglu, Necati. 2011. Primary principals' leadership styles, school organizational health and workplace bullying. *Journal of Educational Administration* 49:495–512.

Dehue, Francine, Catherine Bolman, Trijntje Vollink, und Mieneke Pouwelse. 2012. Coping with bullying at work and health related problems. *International Journal of Stress Management* 19:175–197.

Ege, Harald. 2014. *Straining. Eine subtile Art von Mobbing*. Göttingen: Vandenhoeck & Ruprecht.

Elleser, Helge Huffstodt. 2015. Weniger Mobbing durch mehr Autorität in der Führungsetage. The Huffington Post. Blog. Eine offene Plattform für kontroverse Meinungen und aktuelle

© Springer Fachmedien Wiesbaden 2016

G. P. Hoffmann, *Führungsherausforderung Mobbing, essentials,*

DOI 10.1007/978-3-658-12877-7

Analysen aus dem HuffPost-Gastautorennetzwerk. http://www.huffingtonpost.de/helge-huffstodt-elleser/mobbing-autoritaet-fuehrungsetage_b_7841988.html. Zugegriffen: 30. Juli 2015.

Ertureten, Aysegul, Zeynep Cemalcilar, und Zeynep Aycan. 2013. The relationship of downward mobbing with leadership style and organizational attitudes. *Journal of Business Ethics* 116:205–216.

Esser, Axel, und Martin Wolmerath. 1999. *Mobbing. Der Ratgeber für Betroffene und ihre Interessensvertretung*. Frankfurt a. M.: Bund-Verlag.

Fröhlich-Gildhoff, Klaus, und Maike Rönnau-Böse. 2014. Resilienz (Kindle Edition). www.amazon.de.

Gebhardt, Mareike, und Hilarion G. Petzold. 2011. Das Integrative Teamkonzept und Teamcoaching und die Konzepte der „persönlichen Souveränität", der „fundierten Kollegialität", das „Konflux-Modell" und die „Coaching-Grundregel". SUPERVISION: Theorie – Praxis – Forschung. http://www.fpi-publikation.de/images/stories/downloads/supervision/gebhardt-petzold-das-integrative-teamkonzept-und-teamcoaching-und-die-konzepte-supervision-09-2011.pdf. Zugegriffen: 05. März 2015.

George, Bill. 2003. *Authentic leadership: Rediscovering the secrets to creating lasting value*. San Francisco: Jossey-Bass.

Glasl, Friedrich. 2002. *Konfliktmanagement. Ein Handbuch für Führungskräfte, Beraterinnen und Berater*. Bern: Verlag Paul Haupt.

Gratz, Wolfgang, Horst Röthel, und Sissi Sattler-Zisser. 2014. *Gesund führen. Mitarbeitergespräche zur Erhaltung von Leistungsfähigkeit und Gesundheit im Unternehmen*. Wien: Linde Verlag.

Greve, Gustav. 2010. *Organizational Burnout. Das versteckte Phänomen ausgebrannter Organisationen*. Wiesbaden: Gabler.

Haubl, Rolf, Brigitte Hausinger, und G. Günter Voß, Hrsg. 2013. Riskante Arbeitswelten. Zu den Auswirkungen moderner Beschäftigungsverhältnisse auf die psychische Gesundheit und die Arbeitsqualität. Frankfurt a. M.: Campus.

Haubl, Rolf, und G. Günter Voß, Hrsg. 2011. Riskante Arbeitswelt im Spiegel der Supervision. Eine Studie zu den psychosozialen Auswirkungen spätmoderner Erwerbsarbeit. Göttingen: Vandenhoeck & Ruprecht.

Haubl, Rolf, G. Günter Voß, Nora Alsdorf, und Christoph Handrich, Hrsg. 2013. *Belastungsstörung mit System. Die zweite Studie zur psychosozialen Situation in deutschen Organisationen*. Göttingen: Vandenhoeck & Ruprecht.

Heinemann, Peter-Paul. 1972. *Mobbning. Gruppvåld bland barn och vuxna*. Stockholm: Natur och kultur.

Hirigoyen, Marie-France. 2004. *Mobbing. Wenn der Job zur Hölle wird. Seelische Gewalt am Arbeitsplatz und wie man sich dagegen wehrt*. München: Deutscher Taschenbuch Verlag.

Hoffmann, Gregor Paul. 2008. *Mobbing und Lernen. Narrationsstrukturelle Analyse von Lernprozessen in Mobbing-Situationen*. Saarbrücken: VDM Verlag Dr. Müller.

Hoffmann, Gregor Paul. 2016. *Organisationale Resilienz. Grundlagen und Handlungsempfehlungen für Entscheidungsträger und Führungskräfte*. Wiesbaden: Springer.

Isaacs, William. 2002. Dialog als Kunst gemeinsam zu denken. Bergisch Gladbach: Edition Humanistische Psychologie – Ehp.

Judge, Peter G., und Katherine A. Bachmann. 2013. Witnessing reconciliation reduces arousal of bystanders in a baboon group (Papio hamadryas hamadryas). *Animal Behaviour* 85:881–889.

Karpman, Stephen B. 1968. Fairy tales and script drama analysis. *Transactional Analysis Bulletin* 7:39–43.

Kelling, George L., und Catherine Coles. 1996. *Fixing broken windows. Restoring order and reducing crime in our communities.* New York: Martin Kessler Books.

Knorz, Claudia, und Dieter Zapf. 1996. Mobbing – eine extreme Form sozialer Stressoren am Arbeitsplatz. *Zeitschrift für Arbeits- und Organisationspsychologie* 1:12–21.

Küpers, Wendelin. 2008. Von der Demotivation zur Remotivation. *Organisationsentwicklung* 3:12–22.

Leon-Perez, José-Maria, Francisco J. Medina, Alicia Arenas, und Lourdes Munduate. 2015. The relationship between interpersonal conflict and workplace bullying. *Journal of Managerial Psychology* 30:250–263.

Leymann, Heinz. 1990. Mobbing and psychological terror at workplaces. *Violence and Victims* 5:119–126.

Leymann, Heinz. 1993. *Mobbing. Psychoterror am Arbeitsplatz und wie man sich dagegen wehren kann.* Reinbek bei Hamburg: Rowohlt Taschenbuch Verlag.

Leymann, Heinz. 1995a. Einführung: Mobbing. Das Konzept und seine Resonanz in Deutschland. In *Der neue Mobbing-Bericht. Erfahrungen und Initiativen, Auswege und Hilfsangebote,* Hrsg. Heinz Leymann, 13–26. Reinbek bei Hamburg: Rowohlt Taschenbuch Verlag.

Leymann, Heinz. 1995b. Wenn Mobbing krank macht. Die posttraumatische Streßbelastung und ihre Folgen. In *Der neue Mobbing-Bericht. Erfahrungen und Initiativen, Auswege und Hilfsangebote,* Hrsg. Heinz Leymann, 42–54. Reinbek bei Hamburg: Rowohlt Taschenbuch Verlag.

Leymann, Heinz, Hrsg. 1995c. *Der neue Mobbing-Bericht. Erfahrungen und Initiativen, Auswege und Hilfsangebote.* Reinbek bei Hamburg: Rowohlt Taschenbuch Verlag.

Merk, Katja. 2014. *Mobbing. Praxisleitfaden für Betriebe und Organisationen.* Wiesbaden: Springer Gabler.

Mulder, Roelie, Mieneke Pouwelse, Hein Lodewijkx, und Catherine Bolman. 2014. Workplace mobbing and bystanders' helping behaviour towards victims: The role of gender, perceived responsibility and anticipated stigma by association. *International Journal of Psychology* 49:304–312.

Müller, Lotti, und Hilarion G. Petzold. 2003. Resilienz und protektive Faktoren im Alter und ihre Bedeutung für den Social Support und die Psychotherapie bei älteren Menschen. POLYLOGE: Materialien aus der Europäische Akademie für Psychosziale Gesundheit. http://www.fpi-publikation.de/polyloge/alle-ausgaben/08-2003-mueller-l-petzold-h-g-resilienz-und-protektive-faktoren-im-alter.html. Zugegriffen: 21.08.2013.

Neall, Annabelle M., und Michelle R. Tuckey. 2014. A methodological review of research on the antecedents and consequences of workplace harassment. *Journal of Occupational and Organizational Psychology* 87:225–257.

Neuberger, Oswald. 1999. *Mobbing. Übel mitspielen in Organisationen.* München: Rainer Hampp Verlag.

Nielsen, Morten Birkeland. 2013. Bullying in work groups: The impact of leadership. *Scandinavian Journal of Psychology* 54:127–136.

Nielsen, Morten Birkeland, Tone Tangen, Thormod Idsoe, Stig Berge Matthiesen, und Nils Mageroy. 2015. Post-traumatic stress disorder as a consequence of bullying at work and at school. A literature review and meta-analysis. *Aggression and Violent Behavior* 21:17–24.

Olweus, Dan. 1973. *Hackkycklingar och översittare. Forskning om skolmobbning.* Stockholm: Almqvist & Wiksell.

Olweus, Dan. 1995. *Gewalt in der Schule. Was Lehrer und Eltern wissen sollten – und tun können.* Bern: Huber.

Petzold, Hilarion G. 2003. Integrative Beratung, differentielle Konflikttheorie und „komplexe soziale Repräsentationen". SUPERVISION: Theorie – Praxis – Forschung. http://www.fpi-publikation.de/images/stories/downloads/supervision/Petzold-Konflikttheorie-Supervision-01-2003.pdf. Zugegriffen: 27. Juli 2015.

Petzold, Hilarion G. 2007. Das Konflux-Modell und die Arbeit mit kokreativen Prozessen in Teamarbeit, Teamsupervision und Organsiationsberatung. In *Integrative Supervision, Meta-Consulting, Organisationsentwicklung. Ein Handbuch für Modelle und Methoden reflexiver Praxis* (2., überarb. u. erw. Aufl., S. 211-248), Hrsg. Hilarion G Petzold, Wiesbaden: VS Verlag für Sozialwissenschaften.

Pilch, Irena, und Elżbieta Turska. 2015. Relationships between machiavellianism, organizational culture, and workplace bullying: Emotional abuse from the target's and the perpetrator's perspective. *Journal of Business Ethics* 128:83–93.

Qureshi, Muhammad Imran, Mehwish Iftikhar, Saquib Yusaf Janjua, Khalid Zaman, Uzma Mehmud Raja, und Yasir Javed. 2015. Empirical investigation of mobbing, stress and employees' behavior at work place: quantitatively refining a qualitative model. *Quality & Quantity* 49:93–113.

Rawolle, Maika, und Hugo M. Mehr. 2012. Luft auf Zukunft. Die motivierende Kraft von Unternehmensvisionen verstehen und nutzen. *Organisationsentwicklung* 4:12–17.

Rosenberg, Marshall B. 2012. *Gewaltfreie Kommunikation: Eine Sprache des Lebens.* Paderborn: Junfermann.

Roth, Wolfgang. 2002. Mobbing – Herkunft des Begriffs und sein theoretischer Hintergrund. *Gruppendynamik und Organisationsberatung* 33:197–211.

Samnani, Al-Karim, und Parbudyal Singh. 2012. 20 Years of workplace bullying research: A review of the antecedents and consequences of bullying in the workplace. *Aggression and Violent Behavior* 17:581–589.

Schein, Edgar H. 2010. *Organisationskultur. „The Ed Schein Corporate Culture Survival Guide".* Bergisch Gladbach: EHP – Edition Humanistische Psychologie.

Schild, Ihno, und Andreas Heeren. 2003. *Mobbing. Konflikteskalation am Arbeitsplatz. Möglichkeiten der Prävention und Intervention.* München, Mering: Rainer Hampp Verlag.

Schneider, Christoph, Catarina Katzer, und Uwe Leest. 2013. Cyberlife – Spannungsfeld zwischen Faszination und Gefahr. Cybermobbing bei Schülerinnen und Schülern. Eine empirische Bestandsaufnahme bei Eltern, Lehrkräften und Schülern/innen in Deutschland. http://www.buendnis-gegen-cybermobbing.de/Studie/cybermobbingstudie.pdf. Zugegriffen: 27. Juli 2015.

Schreyögg, Georg. 2008. *Organisation. Grundlagen moderner Organisationsgestaltung.* Wiesbaden: Gabler.

Schütte, Stefanie, Jean-François Chastang, Lucile Malard, Agnès Parent-Thirion, Greet Vermeylen, und Isabelle Niedhammer. 2014. Psychosocial working conditions and psychological well-being among employees in 34 European countries. *International Archives of Occupational and Environmental Health* 87:897–907.

Skogstad, Anders, Torbjørn Torsheim, Ståle Einarsen, und Lars Johan Hauge. 2011. Testing the work environment hypothesis of bullying on a group level of analysis: Psychosocial factors as precursors of observed workplace bullying. *Applied Psychology-an International Review-Psychologie Appliquee-Revue Internationale* 60:475–495.

Slany, Corinna, Stefanie Schütte, Jean-François Chastang, Agnès Parent-Thirion, Greet Vermeylen, und Isabelle Niedhammer. 2014. Psychosocial work factors and long sickness absence in Europe. *International Journal of Occupational and Environmental Health* 20:16–25.

Soylu, Soydan. 2011. Creating a family or loyalty-based framework: The effects of paternalistic leadership on workplace bullying. *Journal of Business Ethics* 99:217–231.

Trépanier, Sarah-Geneviève, Claude Fernet, und Stéphanie Austin. 2015. A longitudinal investigation of workplace bullying, basic need satisfaction, and employee functioning. *Journal of occupational health psychology* 20:105–116.

Tsuno, Kanami, und Norito Kawakami. 2015. Multifactor leadership styles and new exposure to workplace bullying: A six-month prospective study. *Industrial health* 53:139–151.

Vartia, Maarit A-L. 2001. Consequences of workplace bullying with respect to the well-being of its targets and the observers of bullying. *Scandinavian Journal of Work, Environment and Health* 27:63–69.

Waibel, Martin, und Hilarion G. Petzold. 2007. Mobbing und Integrative Supervision – Materialien, Modelle, Perspektiven und eine Befragung zu Mobbingberatung und Supervision. SUPERVISION: Theorie – Praxis – Forschung. http://www.fpi-publikation.de/images/stories/downloads/supervision/Waibel_Petzold_Mobbing_Supervision-09-2007.pdf. Zugegriffen: 23. Juli 2015.

Watzlawick, Paul, Janet H. Beavin, und Don D. Jackson. 2003. *Menschliche Kommunikation. Formen. Störungen. Paradoxien.* Bern: Verlag Hans Huber.

Wilson, James Q., und George L. Kelling. 1982. Broken Windows. The police and neighborhood safety. http://www.manhattan-institute.org/pdf/_atlantic_monthly-broken_windows.pdf. Zugegriffen: 30. Juli 2015.

Wittig, Roman M., und Christophe Boesch. 2010. Receiving post-conflict affiliation from the enemy's friend reconciles former opponents. *PLoS One* 5 (11): e13995.

Zapf, Dieter. 1999. Mobbing in Organisationen – Überblick zum Stand der Forschung. *Zeitschrift für Arbeits- und Organisationspsychologie* 43:1–25.